Reise in ein unbekanntes Land

geschrieben von Birgit Wichmann

Das vorliegende Werk ist in allen Teilen urheberrechtlich geschützt. Jegliche Verwertung, insbesondere Weitergabe, Übernahme in andere digitale Medien, sowie Übersetzung, Abdruck, Sendung oder Vertonung, auch auszugsweise, ist ohne meine Zustimmung untersagt.

Die Handlung und Charaktere in diesem Buch sind frei erfunden. Jegliche Ähnlichkeit mit lebenden oder toten Personen ist rein zufällig und nicht beabsichtigt.

Copyright Birgit Wichmann, Österreich

Erste Auflage 2017

Verlag: CreateSpace Independent Publishing Platform

ISBN-13:978-1539562290

ISBN-10: 1539562298

Fröhlich pfeifend dreht Catharine ein letztes Mal den Schlüssel im Schloss herum, um ihn anschließend ihrer Vermieterin zu geben. ‚Geschafft, endlich geschafft', denkt sie. „Na, freuen Sie sich schon auf Ihr neues Zuhause?", fragt sie diese. „Ja, ich habe ja auch Jahrzehnte darauf warten müssen", gibt Catharine fröhlich pfeifend zurück. „Ich habe mich hier immer sehr wohl gefühlt, aber mein Zuhause ist in Frankreich. Es ist an der Zeit auch dort zu leben." „Sie waren eine angenehme Mieterin. Schade, dass Sie uns verlassen. Ich wünsche Ihnen alles Gute." Catharine dreht sich um und geht beschwingt die Treppe hinunter. Ein leichtes Lächeln umspielt ihre Lippen. Kurz dreht sie sich noch einmal um und winkt. Sie hat sich von allen Freunden und Bekannten bereits verabschiedet. Auch Stefanie, ihre Tochter, muss nun auf sie verzichten. Doch inzwischen hat sie ihre eigene Familie. Catharine ist nur noch der Notnagel. Doch so soll es ja schließlich auch sein. Das Küken ist flügge geworden und hat das Nest verlassen. Eigentlich hasst sie Abschiede und deshalb ist es ihr auch nicht ganz leicht gefallen Lebewohl zu sagen. Schließlich hat sie lange Jahre in der Schweiz gelebt, aber ihr Ziel war immer Frankreich. Dort lebten ihre Vorfahren, dort sind ihre Wurzeln und dort will auch sie leben. Auf der Straße wartet der Möbelwagen. Der Fahrer und die Möbelpacker stehen etwas gelangweilt herum. „Auf geht's Jungs", ruft Catharine ihnen fröhlich zu. „Hier ist die Adresse. Es wartet bereits jemand dort auf Eure Ankunft. Er wird Euch sagen, wohin die Möbel und Kisten zu stellen sind. Euer Geld bekommt Ihr natürlich auch", fügt sie noch augenzwinkernd hinzu. Die Drei steigen in den LKW und fahren los. Catharine schaut ihnen gedankenverloren hinterher. Dann gibt sie sich einen Ruck, steigt in ihren Honda und fährt hinterher. ‚Ein letztes Mal fahre ich diese Strecke.' Sie will die Fahrt noch einmal auskosten.

Die Schweiz war ihr lange Jahre eine gute Ersatzheimat. Sie liebt die Berge, die Wiesen und die klaren Seen. Vermisst hat sie immer das Meer. Aber man kann eben nicht alles haben. Eine Stunde später liegt die kleine Stadt bereits hinter hier. Mit ihren Freunden wird sie via Skype in Kontakt bleiben und ab und zu auch vorbeischauen, aber dann kommt sie mit dem Flieger. Schon ist sie am Rand der Stadt und damit dort, wo sie hunderte von Kilometer mit dem Rad zurückgelegt hat. Catharine lächelt still vor sich hin. Was hatten wir für eine Gaudi bei diesen Touren. Jetzt ist ihr Rad auf dem LKW und wird zukünftig Frankreich mit ihr unsicher machen. Catharine seufzt. „Leben ist Veränderung", sagt sie dann laut vor sich hin, wie um sich selbst Mut zu machen. „Schau nach vorn und nicht zurück, denn vor dir liegt das große Glück." Sie lächelt dabei. Die großen Enttäuschungen in ihrem Liebesleben, so glaubt sie, hat sie längst verwunden. Sie sind nie wieder aufgetaucht und auch Catharine hat kein Bedürfnis verspürt, Kontakt zu ihnen aufzunehmen. Nur zu Sebastian, einer Urlaubsbekanntschaft, hat sie den Kontakt gehalten und ihn auch regelmäßig in den Ferien in Frankreich besucht. Zusammen waren sie Kitesurfen, sind ausgegangen und haben nächtelang geredet. Daraus ist eine Freundschaft entstanden, die sie beide hegen und pflegen. Sebastian ist in ihrem Leben ein wichtiger Bestandteil geworden und jetzt wartet er in Frankreich auf ihre endgültige Ankunft. Catharine weiß, dass Sebastian mehr will, aber sie weiß auch, dass sie nicht bereit ist, mehr zu geben. Vielleicht noch nicht, aber darüber will sie nicht nachdenken.

Sie dreht das Radio lauter und summt die Melodien der Lieder mit. Mit jedem gefahrenen Kilometer nähert sie sich ihrem Ziel. Stunden vergehen. Endlich liest sie das Schild ‚letzte Tankstelle vor der Grenze'. Sie setzt den Blinker und fährt ab. Wie all die Jahre zuvor will sie ein letztes Mal in der Schweiz tanken. ‚Dieses Mal ist es wirklich das letzte Mal', denkt sie mit einem Lächeln im Gesicht. Nach dem Tanken fährt sie auf den Rastplatz. Sie öffnet gerade die Heckklappe, um sich eine Flasche Mineralwasser zu nehmen, als ihr plötzlich die Augen zugehalten werden. „He", schreit sie. „Was soll das?" Dabei schlägt sie mit der Hand in das Leere. „Überraschung", hört sie es aus zwei Kehlen gleichzeitig rufen. Als sie sich umdreht, erblickt sie

Martina und Andreas, ihre langjährigen Freunde. „Was macht Ihr denn hier?", fragt sie überrascht. „Na glaubst Du, wir lassen Dich einfach so ziehen? Ein letztes gemeinsames Mittagessen wird wohl noch drin sein oder?" „Ja, natürlich, aber woher habt Ihr gewusst, dass ich jetzt hier sein werde?" „Wir wussten, wann Du fährst, kennen Deine Gewohnheiten, wohnen nicht weit von hier und können rechnen", platzt es aus Martina heraus. Dabei zwinkert sie Catharine mit dem rechten Auge zu. „Ihr seid unmöglich", erwidert Catharine lachend. „Aber gut genießen wir die schweizerische Küche einer Raststätte", ergänzt sie schmunzelnd. Martina und Andreas haken sich bei ihr unter und die Drei gehen in das Lokal. Schnell ist ein Platz gefunden. Der Kellner kommt und bringt die Karte. Andreas bestellt drei Soda Citron. Catharine runzelt die Stirn. „Die gute und fette schweizerische Küche", murmelt sie und blickt dabei angestrengt in die Karte. „Nichts für Dich dabei?", fragt Martina. „Schwierig", gibt Catharine zurück. „Entweder das Zürcher Geschnetzelte oder das Kartoffel-Raclette." Martina schaut Catharine grinsend an. „Eine Veganerin, die Fleisch isst. Das ist böse." „Ich bin Vegetarierin. Ab und zu gibt es auch Fleisch." Andreas mischt sich grinsend ein. „Ich bin auch Vegetarier und deshalb esse ich den Schweizer Wurstsalat. Sagt man nicht, dass die schweizerische Küche der Französischen ähnlich ist?" „Iiiii", kreischen Catharine und Martina gleichzeitig.

„Wie kann man nur so etwas essen? Das sieht ja aus, wie schon einmal gegessen." Beide schütteln dabei angewidert den Kopf. Die Frage bleibt unbeantwortet im Raum stehen. Da kommt auch schon der Kellner und bringt die Getränke. Andreas bestellt seinen Wurstsalat und Martina und Catharine nehmen beide das Kartoffel-Raclette. „Bist Du schon nervös?", fragt Martina. „Nein, ich weiß, wo ich wohnen werde, habe sogar Unterstützung beim Einleben und bilde mir ein das Land gut zu kennen. Ich freu mich drauf." „Und Sebastian? Hofft er nicht, dass nun mehr aus Euch wird?" „Hoffen wird er, aber bekommen wird er nicht mehr. Ich kann es nicht ändern. Er ist inzwischen aus meinem Leben nicht mehr wegzudenken, aber Liebe ist es nicht geworden. Vielleicht noch nicht. Als Freund ist er für mich unverzichtbar." Catharine wirkt nachdenklich. „Das kann zu einem Problem werden Catharine", wirft Andreas ein. „Ich weiß, aber mehr, wie es ihm immer wieder sagen, kann ich doch nicht." „Mal ganz ehrlich Catharine, gibt es jemanden dem Dein Herz gehört?" Catharine schaut etwas verlegen aus dem Fenster. „Niemandem", gibt sie dann leise zurück. „Du lügst Catharine. Da ist jemand. Gib es zu. Dir selbst gegenüber solltest Du wenigstens ehrlich sein." Catharine schaut Andreas und Martina abwechselnd an. „Es kann nicht jeder so ein Glück haben wie Ihr. Damit Ihr Ruhe gebt. Ja, es gibt jemanden, den ich einmal sehr geliebt habe. Zumindest glaube ich das. Irrtum nicht ausgeschlossen. Die Zeit verklärt vieles.

Doch wir sind nie einen gemeinsamen Weg gegangen und deshalb kommt für mich eine Wiederholung auch nicht in Frage. Ich bin ihm nicht böse, wünsche ihm alles Gute und finde mich damit ab, dass diese Liebe unmöglich war, ist und bleibt. So etwas gibt es schließlich öfter. Das Gefühl für ihn hat sich in den letzten Jahren verändert, aber es ist unvermindert da. Warum, kann ich mir selbst nicht wirklich erklären, nach allem was und wie es passiert ist. Aber ich kann damit leben. Vielleicht liegt es ja einfach daran, dass ich nicht weiß, wie es gewesen wäre. Oder ich habe mich da in etwas verrannt. Es war schon mit viel Leidenschaft und sehr viel Gefühl verbunden von meiner Seite." Andreas runzelt die Stirn. „Willst Du jetzt allein bleiben?" „Alles andere wäre unehrlich", gibt Catharine zurück. „Ich fühle mich blockiert und weiß nicht einmal genau warum. Sebastian wäre der ideale Partner für mich. Doch ich dumme Nuss traue mich nicht zuzugreifen", platzt es da plötzlich aus ihr heraus. „Ich hoffe trotzdem, dass es wieder jemanden in Deinem Leben geben wird, der Dich versteht und den Du als gleichwertig empfinden kannst. Es wäre schade, wenn es anders käme, Catharine", mischt sich da Martina ein. „Lassen wir den alten Kram ruhen. Es ist Vergangenheit und ich blicke nach vorn. Und vor mir liegt Frankreich. Auch eine große Liebe von mir." Catharine lacht etwas verkrampft. „Wo bleibt das Essen? Ich habe Hunger." Suchend schaut sich Catharine um. Martina und Andreas schauen sich wissend an.

„Catharine, Catharine, Deine Ablenkungsmanöver werden uns fehlen", rufen beide dann gleichzeitig. „Ich habe wirklich Hunger", gibt diese knurrend zurück. „Wie geht es Euch beiden eigentlich?", will sie dann von Martina und Andreas wissen. „Gut", gibt Andreas zurück. „Die Praxis läuft, die Kunden sind zufrieden und Martina und ich erfreuen uns am Leben." „Fährst Du durch bis Frankreich oder machst Du eine Pause unterwegs?", will Martina wissen. „Ich mache einen Zwischenstopp bei Luigi in Italien", gibt Catharine augenzwinkernd zurück. „Noch so ein unsterblich in Dich Verliebter", erwidert Andreas grinsend. Catharine winkt energisch ab. „Er freut sich immer mich zu sehen, und ich, freue mich ihn zu sehen. Wir reden miteinander, essen gemeinsam zu Abend und am nächsten Morgen fahre ich weiter. Was ist dabei?" „Nichts", gibt Andreas grinsend zurück. „Nur, dass Luigi, mit dem Hotel und dem Porsche, reich ist und hofft, dass Du in Italien bleibst." „Das ist sein Problem", gibt Catharine trocken zur Antwort und zuckt mit den Schultern. „He Catharine, Du hättest ausgesorgt. Der Mann hat Geld und würde Dich auf Händen tragen", stichelt Martina schmunzelnd und schlägt Catharine dabei auf die Schulter. Catharine zieht die Stirn kraus. „Ich kann für mich allein sorgen, habe zwei Beine zum Laufen und mag keine Klammeraffen", gibt sie dann spitz zurück. Dabei sieht sie Martina mit zusammengekniffenen Augen an. „Schon gut, schon gut", kommt es da von Martina,

„ich höre schon auf. Da ist ja auch schon unser Essen." Der Kellner platziert die Teller auf dem Tisch. Martina und Catharine schütteln den Kopf, bevor sie gemeinsam, etwas angeekelt, zu Andreas sagen: „Wie kann man nur so etwas essen." Andreas grinst sie mit vollem Mund an, sagt aber nichts. Nach dem Essen bestellen sie noch einen Kaffee. Catharine schaut auf die Uhr. „Leute ich muss langsam los. Luigi erwartet mich gegen achtzehn Uhr. Das wird knapp. Schließlich ist das ein kleiner Umweg für mich. Ihr müsst auch wieder zurück." „Trink in Ruhe Deinen Kaffee. Dein Luigi wird es verkraften, wenn Du etwas später kommst", gibt Martina Catharine zu verstehen. „Stimmt auch wieder. Ich habe ja jetzt Zeit, so als Ruheständlerin bis an das Ende meiner Tage. Dabei fühle ich mich noch gar nicht wie eine Pensionistin. Irgendwie bin ich auch viel zu jung dafür oder? Aber schön ist es trotzdem, dass ich mir meinen wohlverdienten Ruhestand schon mit Mitte fünfzig leisten kann." Catharine muss lachen. ‚Wie sich das anhört – Pensionistin. Uralt.' Sie trinkt ihren Kaffee in kleinen Schlucken und wirkt dabei sehr nachdenklich. Martina und Andreas sagen nichts. Plötzlich steht Catharine abrupt auf. „Ich muss jetzt. Der Abschied wird nicht leichter, wenn ich ihn hinauszögere." Andreas und Martina nicken zustimmend. „Ich gehe zahlen", sagt Andreas, erhebt sich und verschwindet in Richtung Kasse. „Es ist ein eigenartiges Gefühl nach so langer Zeit zu wissen, dass man nie mehr hierher zurückkehrt. Bestenfalls noch als Urlauberin." Catharine's Augen füllen sich mit Tränen. „Ich hasse Abschiede", schnieft sie dann, sich eine Träne von der Wange wischend. Martina ist inzwischen auch aufgestanden. Sie umarmt Catharine. Leise flüstert sie ihr in das Ohr: „Wir bleiben in Verbindung. Der modernen Technik sei Dank." Catharine nickt nur, denn sie versucht krampfhaft das Schluchzen zu unterdrücken. „Na los Ihr beiden. Auf geht es. Catharine drängt es zu Luigi und uns nach Hause", sagt Andreas, der plötzlich hinter ihnen aufgetaucht ist, und schiebt Catharine und Martina dabei sanft in Richtung Tür. Draußen umarmt Catharine Andreas und Martina gleichzeitig. „Macht es gut Ihr beiden. Man hört sich." Ihre Stimme klingt tränenerstickt und belegt. Schnell dreht sie sich weg und geht in Richtung Auto. Martina und Andreas schauen ihr gedankenverloren hinterher. „Jetzt ist sie weg. Ich vermisse sie jetzt schon." Martina lässt die Schultern hängen und macht ein trauriges Gesicht. Andreas legt seinen Arm um ihre Schultern und drückt sie fest an sich. „Wir können sie ja besuchen fahren", flüstert er dann leise in ihr Ohr. „Die Provence ist sehr romantisch. Selbst für alte Leute wie uns." „Charmeur", gibt Martina zurück und knufft Andreas scherzhaft in die Rippen. In ihren Augen hat sie Tränen.

Catharine ist inzwischen in ihr Auto gestiegen und losgefahren. Schon hat sie die Grenze zu Italien hinter sich gelassen. Heute Abend wird sie die gute italienische Küche in Luigi's Restaurant genießen, bevor es morgen weitergeht nach Frankreich. Morgen wird sie endlich zu Hause sein. Ein lauter Seufzer entweicht ihren Lippen. Sie legt eine CD ein und pfeift fröhlich die Lieder mit. Da hört sie plötzlich ein Chanson von Edith Piaf „Non Je Ne Regrette Rien ….." -, ich bereue auch nichts, denkt sie nachdenklich. Schon taucht die Autobahnabfahrt zu Luigi's Hotel auf. Catharine muss grinsen. Jetzt wird es lustig. Fünf Minuten später parkt sie bereits den Wagen auf dem Hotelparkplatz. Die Sonne verschwindet schon am Horizont. Da stürmt Luigi auch schon aus dem Hotel geradewegs auf sie zu. „Belle Catharine dove si erano così lungo", ruft er aufgeregt mit den Armen fuchtelnd. „Luigi, non posso parlare italiano", gibt Catharine zurück. „Mi scusi", erwidert Luigi etwas zerknirscht wirkend. „Ich vergesse, dass du bist Deutsche. Wo warst du? Ich warten hier lange." Catharine legt beruhigend die Hand auf Luigi's Arm. „Beruhige Dich. Ich habe mich verspätet, weil ich mit Martina und Andreas noch zu Mittag gegessen habe. Jetzt bin ich doch da. Luigi, ich bin erwachsen. Wann merkst du Dir das endlich?" „Du bist Frau. Ich muss aufpassen auf Dich." Catharine verdreht die Augen. ‚Macho.' Laut sagt sie dann: „Luigi das kann ich allein. Wo ist mein Zimmerschlüssel und wann essen wir?" „Du so stur." Luigi ist sichtlich erbost. „Wir essen um neunzehn Uhr." „Den Zimmerschlüssel bitte." Luigi greift an die

Hakenleiste an der Wand und hält Catharine den Schlüssel hin. „Bestes Zimmer." „Wie immer", erwidert Catharine und lächelt Luigi mit einem charmanten Augenaufschlag an. Der erwidert das Lächeln. Catharine nimmt ihre kleine Reisetasche und steigt die steilen Treppen hinauf zu ihrem Zimmer. „Bis später", ruft sie Luigi noch zu, bevor sie um die Ecke verschwindet. Im Zimmer lässt sie sich erst einmal auf das Bett fallen. Sie blickt aus dem Fenster und sieht den alten Kirchturm. ‚Alles wie immer und doch irgendwie anders. Es ist das letztes Mal.' Sie schaut auf die Uhr. Eine Stunde noch bis zum Abendessen. Luigi wird all seinen Charme aufwenden, um sie zum Bleiben zu bewegen und sie wird widerstehen. Sie wird ihn enttäuschen müssen. Italien ist schön, aber nicht ihr Land. Catharine hofft die richtigen Worte zu finden, um ihn nicht zu sehr zu verletzen. Sie erhebt sich, um sich für das Abendessen fertigzumachen. Als sie im Restaurant ankommt, traut sie ihren Augen nicht. Es ist dunkel, kein Gast ist zu sehen, aber ein Tisch ist mit Kerzen hell erleuchtet und der Weg dorthin von Kerzen umsäumt. ‚Schwere Geschütze.' Catharine atmet tief durch. Da steht Luigi schon neben ihr. Catharine hat ihn nicht kommen hören. Er hält ihr seinen Arm hin und geleitet sie zum Tisch. Erst jetzt sieht Catharine die vielen roten Rosen, die um den Tisch herum drapiert sind. Luigi hält ihr den Stuhl hin und Catharine nimmt wortlos Platz. Sie ist im wahrsten Sinne des Wortes sprachlos. Luigi verschwindet, um mit einer Flasche Champagner wiederzukommen. „Luigi, was wird das?", hört sich da Catharine sagen. „Wo sind die Gäste, die Kellner und der Barmann?" „Alle haben frei heute", erwidert Luigi. „Ich will mit Dir allein sein. Restaurant heute geschlossen." Catharine sieht ihn entgeistert an. Da knallt der Champagnerkorken. Schnell hält Catharine beide Gläser hin. „Ich sprudel, wie Champagner, über vor Glück", hört sie da Luigi sagen. „Du bleibst jetzt hier, wir heiraten und haben schöne Leben." Catharine springt auf und verschüttet dabei den Champagner. Sie wird ärgerlich. „Luigi, davon war nie die Rede. Ich bleibe nicht hier. Mein Ziel war und ist Frankreich. Heiraten will ich auch nicht. Lass das. Aus uns wird kein Paar. Si capisce?" Luigi schaut sie mit großen Augen an. Er beginnt zu stottern. „Ich dachte, Du bleibst bei mir." „Nein, wie kommst Du darauf. Ich werde in Frankreich leben." Luigi setzt sich auf einen der beiden Stühle. „Ich sehen Dich nie wieder?" „Du kannst mich besuchen kommen." „Du lebst mit Sebastian", erwidert Luigi tonlos. „Nein, ich lebe auch nicht mit Sebastian. Ich lebe allein." „Versprichst Du?" „Dass ich allein lebe? Ich verspreche gar nichts." Luigi schaut betreten auf den Boden. Catharine ist der Appetit vergangen. „Luigi, ich habe Dir nie etwas versprochen und nie Hoffnungen gemacht, die ich nicht erfüllen kann. Lassen wir es dabei. Du kannst mich gern in Frankreich besuchen, aber ein Paar wird nicht aus uns. Ich gehe jetzt schlafen. Gute Nacht!" Bevor Luigi sie daran hindern kann, ist sie schon in den Flur geeilt, nimmt auf der Treppe jeweils zwei Stufen mit einmal und ist in ihrem Zimmer verschwunden. Den Schlüssel dreht sie zweimal um. Sie lässt sich auf ihr Bett fallen und atmet schwer. ‚Was für ein verdammter Idiot. Ich fasse es nicht. Der macht alles kaputt. Ein Wisch und alles ist weg.' Catharine hört ihren Magen knurren. ‚Hungrig bin ich auch. Nichts mit einer feinen italienischen Auberginenpizza.' Sie haut mit der Faust auf das Bett. Es hilft nichts. Leise stöhnt sie auf. Dann erhebt sie sich langsam und schleppt sich in das Bad. Ihre Glieder sind schwer. Sie merkt, wie die Müdigkeit sie übermannen will. Ihr Kleid fällt zu Boden, und als sie in die Dusche tritt, den Hahn aufdreht und kaltes Wasser über ihren Körper zu rinnen beginnt, beginnen plötzlich auch die Tränen zu laufen. Doch langsam weicht die Anspannung, und sie entspannt sich. Ein Lavendelöl im Anschluss tut ein Übriges. Als sie, von Lavendelduft umhüllt, das Zimmer wieder betritt, hört sie ein leises Klopfen an der Tür. Sie bleibt abrupt stehen, rührt sich aber nicht. „Catharine? Bitte Catharine, mach auf. Es tut mir leid. Ich ein Trampel oder wie heißt das auf Deutsch?" Stille. „Sono un idiota. Ecco una pizza per te. So che hai fame." Er hat mir eine Pizza gebracht, denkt Catharine lächelnd. Aber sie rührt sich nicht von der Stelle. Dann hört sie ein leises Flüstern an der Tür:

„Ich stelle sie vor die Tür. Bis morgen früh." Doch Catharine geht nicht zur Tür. Sie schleicht in ihr Bett und schläft sofort ein. Um zwei Uhr in der Nacht wird sie wach. Ihr Magen knurrt zum Gotterbarmen. Leise schleicht sie zur Tür und dreht den Schlüssel herum. Sie lauscht, aber es bleibt still. Sie drückt die Klinke herunter und öffnet die Tür einen Spalt. Da steht sie, diese herrlich köstliche italienische Pizza. Hauchdünner Boden, viel Aubergine und Käse. Schnell greift sie nach dem Teller und holt ihn zu sich in das Zimmer. Dann verschließt sie die Tür wieder zweimal. Die Pizza ist kalt, aber das ist Catharine egal. Sie hat einen Bärenhunger. Dann lässt sie sich einfach fallen und schläft wieder ein. Am nächsten Morgen packt sie ihre Sachen, bevor sie frühstücken geht. Antonio hat heute Frühdienst. Lächelnd begrüßt er Catharine. „Doppio espresso come sempre?" "Si." Catharine nimmt sich zwei Semmeln, etwas Butter und Konfitüre. Dann nimmt sie im Frühstückssaal Platz. Schon schießt Antonio um die Ecke und stellt ihr den doppelten Espresso vor die Nase. "È Luigi fatto triste?" Catharine sieht ihn an. "Nein Antonio, Luigi hat sich verrannt in seine Idee, dass ich hierbleibe." Antonio zuckt mit seinen Schultern. "Italia ist schönes Land. Warum Du nicht bleiben willst hier?" Ein leises Stöhnen kommt aus Catharine's Mund. Etwas genervt antwortet sie: "Weil ich leben will in France. Si capisce?" Aber Antonio hat sich schon umgedreht und ist auf dem Weg zurück in die Küche. So hatte sich Catharine ihren Abschied von Italien nicht vorgestellt. Irgendwie ist ihr auch der Appetit vergangen. Lustlos kaut sie auf ihrer Semmel herum und schlürft den Espresso. Dann geht sie auf ihr Zimmer, greift zu ihrem Gepäck und verlässt das Zimmer sofort wieder. 'Nur weg von hier.' An der Rezeption wartet Luigi bereits auf sie. Er sieht übernächtigt aus und lächelt sie schüchtern an. "Hast Du gut geschlafen?", fragt er sie. Catharine reicht ihm den Schlüssel. "Ging so", gibt sie zurück. "Catharine, es tut mir leid. Ich bin ein Idiot. Verzeih mir." "Schon gut. Mach mir bitte die Rechnung." "Geht auf's Haus." Catharine sieht ihn zornig an. Plötzlich bricht es aus ihr heraus. "Luigi, Du verdammter Idiot. Nie habe ich Dir Hoffnungen gemacht. Ich mag Dich als Freund. Aber das ist es auch. Gib mir jetzt die Rechnung. Ich will nichts schuldig bleiben." Luigi schüttelt stumm den Kopf. Catharine sieht ihn fragend an. Dann greift sie zu ihrer Geldbörse, nimmt fünfundsechzig Euro heraus und knallt sie auf den Rezeptionstresen. "Siamo pari." Luigi will nach ihrem Arm greifen, aber Catharine ist schneller. Blitzschnell rauscht sie zur Tür hinaus, rennt auf ihr Auto zu, reißt den Kofferraum auf und knallt die Tasche hinein. Dann springt sie auf ihren Sitz und rast, so schnell es geht, davon. Dass Luigi ihr traurig hinterhersieht, sieht sie nicht mehr. Antonio legt seine Hand auf Luigi's Schultern. "Far loro disegnare." Luigi dreht sich zu ihm um und antwortet leise: "Niemals lasse ich sie ziehen. Ich hole sie mir zurück." Dann geht er wortlos davon.

Catharine ist inzwischen bereits wieder auf der Autobahn. 'Heute endlich komme ich an. Mein zu Hause wartet.' Da hört sie plötzlich eine Stimme in ihrem linken Ohr. "Das hast Du ja fein hinbekommen. Dem armen Luigi so den Kopf zu verdrehen und dann einfach abzuhauen. Nicht die feine englische Art." Im rechten Ohr antwortet jemand. "Was heißt hier Kopf verdrehen? Ein- oder zweimal im Jahr hat sie in seinem Hotel übernachtet. Mehr war da nicht. Liebe kann nicht erzwungen werden." "Sie hat ihm aber auch nie gesagt, dass sie ihn nicht will." "Na und, sie hat ihm auch nie gesagt, dass sie ihn will. Selbst schuld, wenn er sich Hoffnungen macht. Immer schon wollte sie nach Frankreich. Da ist ja auch Sebastian." "Ruhe", schreit da Catharine laut dazwischen. Erschrocken über sich selbst, legt sie eine CD mit französischer Musik ein. "Jetzt höre ich schon Stimmen und rede mit mir selbst. Na bravo. Doch Pensionistin." Sie schaut sich vorsichtig um, doch sie ist allein auf der Autobahn. So früh am Morgen ist wenig Verkehr. Erleichtert atmet sie auf.

'Sebastian? Auch Sebastian macht sich Hoffnungen. Seit Jahren besuche ich ihn regelmäßig in den Ferien.

Nächtelang haben wir geredet. Sebastian war immer da, wenn ich ihn brauchte. Seit drei Jahren hütet er mein kleines Haus und das kleine Anwesen. Nie hat er etwas verlangt, was ich nicht wollte. In seiner Nähe fühle ich mich wohl, sicher und geborgen. Doch wir haben Angst, Angst wieder verletzt zu werden. Ich glaube, wir trauen uns nicht. Liebe ist ein dummes Spiel. Man lebt am Besten ohne sie. Wenn das schiefgehen würde, hätte ich auch keinen Sebastian mehr. Ohne ihn sein? Nein ich denke nicht, dass ich das will. Bleiben wir lieber befreundet. Manchmal ist es einfach besser so.' Catharine summt leise vor sich hin. Sie will sich ablenken. Vor sich sieht sie schon die Berge vor Genua. Drei Stunden später ist sie an der italienisch-französischen Grenze. Wie jedes Mal, wenn sie die Grenze überquert, spürt sie wie der Ballast von ihr abfällt. Das Leben wird leicht. Tief atmet sie den Duft der Provence ein. Kräuter, Blumen und Gewürze liegen in der Luft. Der Himmel ist strahlendblau und alles um sie herum strahlt. Catharine strahlt auch. Ein breites Grinsen hat sich in ihrem Gesicht breitgemacht, als sie in ihre Einfahrt biegt und den kurzen Weg zum Haus hinauf fährt. Roter und weißer Oleander säumen den Weg zum Haus. Dazwischen stehen Pinien. Der Garten ist riesengroß. Er bietet viele schattige Plätze unter Platanen und Kastanienbäumen. Lavendel, Oleander und Bougainvillea sind die Farbtupfer im Garten. Das ganze Areal ist von einer Jasminhecke umgeben – uneinsehbar für Fremde. Der Kies knirscht unter dem Auto. Da sieht sie Sebastian an der Tür zu ihrem Haus stehen und winkt ihm zu. Er winkt zurück. Das Haus ist mit siebzig Quadratmetern nicht groß, aber für Catharine reicht es. In den letzten beiden Jahren hat sie es gemeinsam mit Sebastian ausgebaut und modernisiert. Ein neues Bad und eine neue Küche hat es jetzt. Dazu eine Zentralheizung und auch einen Kamin. Eine riesengroße Wohnküche und ein Minischlafzimmer nennt Catharine auch ihr Eigen. Die wunderschöne Terrasse, die sich an das Haus anschließt, hat sogar eine Hängematte. Catharine lächelt vor sich hin. Schon hält sie direkt vor Sebastian, springt aus dem Wagen und umarmt ihn. „Da bin ich", sagt sie lächelnd. „Ok ma chérie. Dann rein in die gute Stube." Schon hat er sie gepackt und trägt sie auf seinen Armen in ihr Haus. „Ma chérie?" Sebastian hat sie immer noch auf seinen Armen. „Oui, ma chérie und ab jetzt für immer." „Hast Du da einen Hintergedanken?" „Nein", antwortet Sebastian mit einem unschuldigen Lächeln. „Ich freue mich nur, dass Du da bist." „Sebastian?", Catharine sieht ihn fragend an, doch er antwortet nicht. „Sebastian, absetzen bitte." Catharine wird nervös. Doch Sebastian setzt sie sanft ab und deutet dann auf die Terrasse. Dort ist der Tisch gedeckt. Kaffee und Catharine's Lieblingskuchen – Chouquettes stehen darauf. Dazu hat Sebastian einen Strauß bunter Wiesenblumen gestellt. Über der ganzen Terrasse ist ein Riesenplakat gespannt. ‚Willkommen daheim!' steht in großen bunten Buchstaben darauf. Mit offenem Mund steht Catharine da. „Danke", kommt es da etwas tonlos aus ihrem Mund. „Was ist los mit Dir Catharine?" Doch die schüttelt den Kopf. Der Abend mit Luigi hängt ihr einfach noch in den Knochen. Sie hat ihn nicht verletzen wollen, und hat es doch getan. Das Schuldgefühl will einfach nicht weichen. „Lass uns Kaffee trinken Sebastian. Ich hatte gestern keinen schönen Abend und deshalb geht es mir heute nicht so gut. Verzeih." „Luigi hat dich nicht gehen lassen wollen? Stimmt's?" „Ja." Catharine presst die Lippen fest aufeinander. Sebastian zieht sie an sich. Dann legt er seinen Arm um ihre Schultern. Catharine lässt ihren Kopf an seine linke Schulter sinken und plötzlich kann sie die Tränen nicht mehr zurückhalten. Laut schluchzend bricht es aus ihr heraus: „Warum Sebastian ist das Leben so kompliziert? Ich habe ihm nicht wehtun wollen und nun habe ich es doch getan. Ich dachte immer, Luigi und ich wären gut befreundet miteinander. Keine Hintergedanken waren da, von meiner Seite aus, im Spiel. Jetzt habe ich das Gefühl, wieder einmal alles falsch gemacht zu haben." „Du hast nicht alles falsch gemacht Catharine. Ich kenne Dich seit vielen Jahren und weiß, dass Du immer darauf bedacht bist niemanden zu verletzen. Doch Du kannst das nicht immer verhindern. Luigi ist in Dich verliebt und will Dich bei sich haben. Er hat geglaubt, Dir ginge es genauso. Er wird es verkraften. Glaub mir." Mit tränenüberströmtem Gesicht sieht Catharine ihn an. „Glaubst du wirklich?" „Ja und jetzt trinken wir Kaffee. Schließlich muss Deine endgültige Ankunft in Frankreich gefeiert werden." Er schiebt sie zur Tür hinaus und drückt sie auf einen der bequemen Rattansessel. Catharine seufzt noch einmal kurz auf. Doch dann greift sie zum Kuchen und trinkt den inzwischen von Sebastian eingeschenkten Kaffee. Mit vollem Mund wendet sie sich Sebastian zu und sagt: „Gut, das wir befreundet sind. Da sind solche Hoppala's ausgeschlossen." Sie atmet tief ein und wieder aus. Langsam wird sie ruhiger. Ihr Blick ist auf den Garten gerichtet. Da hört sie Sebastian plötzlich leise sagen: „Und wenn ich mehr will? Rennst Du dann auch vor mir weg?" Catharine verschluckt sich vor Schreck. „Sebastian, ich dachte, wir sind uns einig darüber, es bei einer Freundschaft zu belassen?" „Nur rein hypothetisch Catharine." „Rein hypothetisch", murmelt Catharine leise vor sich hin. Sie starrt vor sich hin, als sie leise antwortet: „Rein hypothetisch Sebastian möchte ich Dich nicht als Freund verlieren. Wir kennen uns seit vielen Jahren, hatten nie Stress miteinander, sondern nur glückliche Zeiten. Darauf möchte ich nicht verzichten. Ich habe Angst davor, dass diese Freundschaft zwischen uns zerbricht und ich dann für immer auf Dich verzichten muss. Und ich habe Angst davor, Dich tief in mein Innerstes schauen zu lassen. Was ich wohl müsste. Niemand durfte das bisher, denn meine Erfahrungen sind nicht die Besten in dieser Hinsicht. Wann immer ich mich einem Menschen gegenüber nur ein wenig geöffnet habe, wurde das entweder ausgenutzt oder ich wurde benutzt. Schon seit Kindertagen kann niemand wirklich mit meiner Person etwas anfangen. Also habe ich mich versteckt. Darin habe ich Übung. Jetzt bin alt und habe keine Ahnung, ob es mir möglich ist, jemanden so zu vertrauen, dass ich ihn tief in meine Seele schauen lassen kann. Die Vorstellung macht mir Angst, denn ich könnte mich nicht mehr verstecken. Aber die wirkliche Liebe basiert darauf. Das weiß ich schon. Ob ich bereit dazu bin, weiß ich nicht. Und Du Sebastian? Würdest Du dieses Risiko eingehen wollen?" „Mir geht es genau wie Dir Catharine. Also sind wir zwei ängstliche kleine Kinder. Wir scheuen das Risiko." „Aus den Kinderschuhen sind wir heraus Sebastian. Die Frage, die sich mir stellt, ist, ob wir das Risiko eingehen wollen, nicht voreinander weglaufen, zu unseren Gefühlen stehen und auch Schmerzen aushalten können." Sebastian schaut Catharine in ihre blauen Augen, in denen sich noch immer Tränen befinden. „Es ist heute kein guter Tag für so eine Debatte. Du kommst erst einmal an und dann schauen wir, was das Leben so mit uns vorhat. Einverstanden?" Catharine nickt und drückt Sebastian dann einen leichten Kuss auf seine linke Wange. Dann verkündet sie: „Ich schlafe heute draußen. Endlich kann ich das." „Die Hängematte erwartet Dich bereits. Decke aber einen Mückenschutz darüber, sonst bist Du morgen früh nur noch ein Häufchen Elend." Gehorsam geht Catharine in die Stube und holt das Moskitonetz. Sebastian hat derweil den Rahmen für das Netz um die Hängematte herum aufgestellt. Catharine liebt ihre XXL-Hängematte, die Platz für zwei bietet. Sie hat zwei Kissen mitgebracht und eine leichte Decke. „Bitteschön", lädt sie dann Sebastian ein mit ihr auf der Hängematte Platz zu nehmen. Der lässt sich das nicht zweimal sagen. Beide verschwinden unter dem Moskitonetz. Nebeneinander, unter der Decke liegend, drückt Sebastian sie fest an sich. Lange hat er auf diesen Moment warten müssen und viel zu lange schon muss er seine Sehnsucht nach Catharine im Zaum halten. Catharine ist fast sofort eingeschlafen. Sebastian beobachtet sie im Schlaf und lauscht ihren tiefen Atemzügen. ‚Ob ich sie je davon überzeugen kann, dass ich der Richtige für sie bin?' Bevor er diesen Gedanken zu Ende denken kann, ist auch er eingeschlafen.

Als Catharine erwacht, steht die Sonne schon strahlend am blauen Himmel. Sie räkelt sich ein wenig. Dann stellt sie erstaunt fest: ‚Das kann ich jetzt immer haben.' Im Haus klappert Geschirr, Kaffeeduft steigt ihr in die Nase und die Hängematte schaukelt sanft hin und her. Mit einem Satz, wie sie es von daheim gewohnt ist, will Catharine aus dem „Bett" springen. Doch sie landet auf dem harten Boden der Terrasse. „Au", schreit sie laut auf. Sebastian steht in der Tür und lacht aus vollem Halse. „Catharine, es handelt sich um eine Hängematte nicht um Dein Bett." „Das habe ich jetzt auch bemerkt", erwidert Catharine mit leicht schmerzverzerrtem Gesicht. Sebastian reicht ihr die Hand und zieht sie hoch. „Soll ich mal nachschauen?", fragt er dann. „Untersteh Dich." Catharine droht ihm scherzhaft mit dem Finger und verschwindet dann im Bad. Dort versorgt sie sich mit etwas Arnika, damit der Bluterguss nicht all zu groß wird, und kehrt dann auf die Terrasse zurück. „Besser?" „Geht schon", murmelt Catharine. Sie setzt sich an den Tisch auf der Terrasse. „Du hast aber aufgefahren", bemerkt Catharine und greift zu einem Stück Melone. „Ich muss Dir doch den Abschied versüßen." „Abschied?" Fragend sieht Catharine Sebastian an. „Ja", erwidert Sebastian, „ich muss für vierzehn Tage auf Geschäftsreise. Schließlich bin ich Unternehmer. Meinen Schlüssel zum Haus hast Du. Bitte sieh ab und zu nach, ob alles in Ordnung ist. Der Swimmingpool ist übrigens geöffnet." Schmunzelnd sieht er Catharine an. Catharine erwidert den Blick. „Da Du nicht da bist, brauche ich also keinen Badeanzug. Klasse." Ein verschmitztes Lächeln huscht über ihr Gesicht. „Ich sollte eine Videokamera montieren", erwidert Sebastian. „Dann mein Lieber bleibt der Badeanzug an." „Ich wusste es", stöhnt Sebastian, „ich habe keine Chance. Freunde für immer." „Genau." Catharine langt kräftig zu, denn sie hat einen

Riesenhunger. Croissants, Käse, Konfitüre, Melone und Eier landen nacheinander in ihrem Magen. Sie ist sichtlich gelöster als am Vorabend und genießt das Frühstück und die Nähe von Sebastian. Der beobachtet sie heimlich aus den Augenwinkeln. ‚Was für eine Frau. Ich will sie für immer bei mir haben. Doch es gibt einen Anderen und der sitzt in ihrem Herzen. Mir muss etwas einfallen.' Catharine sieht ihn an. „Was ist los Sebastian? Du wirkst etwas nervös und unruhig." „Die Geschäftsreise wird anstrengend", erwidert Sebastian. „Seit wann lässt Du Dich von Schwierigkeiten beeindrucken?", erwidert Catharine stirnrunzelnd. „Lassen wir das Thema Catharine. Geht es Dir heute besser?" „Ja, um einiges besser. Ich muss jetzt erst einmal meine Sachen auspacken und mich im Haus einrichten. Danach kann ich dann endlich mein Leben genießen – vive la France." Sebastian lacht. „Gut, dann kann und darf ich Dich jetzt alleine lassen. Ich muss langsam los." „Ok", Catharine steht auf, um ihn zur Tür zu begleiten. ‚Wieso benimmt sich Sebastian heute so merkwürdig', denkt sie dabei. Sebastian hat es sichtlich eilig ihr Haus zu verlassen. An der Tür angekommen, umarmt er sie kurz, gibt ihr einen Kuss auf die Stirn und verlässt dann das Haus. „Salut und gute Reise", kann Catharine ihm gerade noch hinterherrufen. Schon ist er mit seinem Land Rover auf der Auffahrt und dann um die Ecke verschwunden. Kopfschüttelnd kehrt

Catharine zu ihrem Frühstück zurück. ‚Was ist bloß mit Sebastian los?'

Die nächsten vierzehn Tage vergehen für sie wie im Flug. Sie packt ihre Umzugskisten aus und richtet sich ein. Die mitgebrachten Bilder wird Sebastian an die Wand hängen, wenn sie einen Platz dafür gefunden hat. Ihre Dessous verbannt sie in die hinterste Ecke ihres Wandschrankes. ‚Brauche ich nicht mehr. Das Kapitel Mann ist abgeschlossen.' Sie lächelt dabei, doch ihr Herz wird schwer. Schnell schluckt sie die Tränen hinunter und verlässt das Schlafzimmer. Nach all den Jahren immer noch diese starken Gefühle, die sie einfach nicht vertreiben kann und immer zu verbergen sucht. Sie schüttelt den Kopf über sich selbst. ‚Dumme Gans', schimpft sie im Stillen. Sie geht zum Einkaufen auf den Markt, scherzt mit den Händlern, liegt stundenlang in ihrer Hängematte im Garten, um Löcher in den Himmel zu starren und den Tag zu verträumen. Sie macht alles, was ihr Spaß macht. Nur eines tut sie nicht. Sie denkt nicht über sich und ihre Wünsche nach.

Eines Abends, die Sonne will gerade am Horizont am Himmel versinken, klopft es an der Haustür. ‚Nanu', denkt Catharine, ‚wer stört mich da.' Sie öffnet die Tür. Da fällt ihr auch schon Helene in die Arme. „Catharine, ich habe Deinen Lieblingsrotwein mitgebracht – St. Emilion – den trinken wir jetzt auf

Deine Ankunft und Deine neue Heimat. Ja?" Helene ist Catharine's Nachbarin. Sie lebt ihr genau gegenüber in einem kleinen Haus gemeinsam mit ihrem Mann Christian. Oft haben die Drei, manchmal auch zu viert, zusammengesessen und stundenlang über das Leben und die Liebe philosophiert. Catharine nickt. „Konntest Du es nicht abwarten Helene? Ich wäre in den nächsten Tagen ohnehin zu Euch gekommen. Aber bei einem St. Emilion grand cru kann ich nicht ‚Nein' sagen. Überredet." „Wusste ich es doch." Helene drängt sich an Catharine vorbei in das Haus. „Bring die Gläser mit chérie", sagt sie dabei im Vorbeigehen. Catharine folgt ihr gehorsam und nimmt, ebenfalls im Vorbeigehen, die Gläser und etwas zum Knabbern mit. Beide Frauen lassen sich auf die bequemen Rattansessel nieder. Helene schenkt ihnen ein und Catharine schiebt das Knabbergebäck in die Mitte des Tisches. „Wie geht es Euch?", beginnt Catharine. „Och, alles wie immer. Wir lieben und wir streiten uns. Am schönsten ist die Versöhnung." Während sie das sagt, zwinkert Helene ihr vielsagend zu. Catharine erzählt Helene von Sebastian's Verhalten. Aufmerksam hört Helene ihr zu. „Was glaubst Du denn Catharine? Sebastian liebt Dich schon seit vielen Jahren. Seit er Dich kennt, hat er keine andere angesehen. Natürlich hofft er, dass er es schafft, Dich für sich zu gewinnen. Doch in Deinem Herzen sitzt ein Anderer oder? Das ist keine leichte Situation für ihn. Du bist jetzt für immer hier und

Ihr müsst einen Weg finden. Vielleicht ist es einfach an der Zeit, dass du Dich entscheidest. Die wichtigste Frage dabei ist ‚Was willst Du Catharine?'." Catharine sieht Helene entgeistert an. „Was will ich?", murmelt sie dann leise vor sich hin. Erwartungsvoll sieht Helene sie an. Zögernd beginnt Catharine: „Ich habe mir darüber nie Gedanken gemacht. Aber kurz und bündig, einen Mann, mit dem ich alt werden kann. Das reicht wohl nicht, stimmt's?" „Nein, ein wenig mager. Neuer Versuch." Catharine wirkt ärgerlich, doch sie fährt fort. „Ich war mir sicher, dass er der Richtige ist." „Er?", fährt Helene dazwischen. „Max. Seit unserer ersten Begegnung war das so. Ich war gerade Mitte dreißig und unsere erste Begegnung war magisch. Ein Blick hat genügt und ich war geschmolzen. Dabei war der Grund unseres Treffens eine Auftragsverhandlung. Vor Schreck habe ich sogar meinen Regenschirm fallen lassen. Dabei waren wir Geschäftspartner und schön konnte man ihn wirklich nicht nennen. Blond, blaue Augen und eine lange Nase. Doch er und ich waren verheiratet. Deshalb war schnell klar, dass es zwischen uns keine Beziehung geben wird. Eine Affäre wollte ich nicht. Doch die Frage: „Was wäre wenn?", geisterte in meinem Kopf herum. „Keine Affäre?", fällt ihr Helene in's Wort. „Warum nicht? Das ist doch prickelnd." „Helene, ich bitte Dich. Hast Du Christian jemals betrogen?" Vorsichtig schaut sich Helene um. „Oui, aber er weiß es nicht und Du wirst es ihm nicht verraten." „Ganz sicher nicht. Hätte ich Dir nicht zugetraut." Catharine wirkt überrascht. „Ist lange her und ich war nicht nüchtern", gibt Helene zurück. „Fahr fort. Ich höre zu." „Als ich ihn dann wiedergetroffen habe, merkte ich sofort, dass er sich verändert hat. Es war Jahre später auf einem Event der Wirtschaftskammer. Ich war inzwischen geschieden und er auch. Deshalb kamen wir zusammen. Doch schnell waren wir auch wieder getrennt. Er konnte es nicht lassen Frauen anzubaggern. Internet-Single-Börsen weißt du? Eine On/Off-Beziehung wollte ich nicht. Ich kann gut allein sein, ohne mich einsam zu fühlen. Doch er holte mich zurück und ich ließ das zu. Ich kann nicht sagen, warum, aber ich hatte das Gefühl, dass das Ende noch nicht erreicht war. Neugierig, wie ich bin, wollte ich wissen wie und wann es endet. Verrückt oder?" Helene schüttelt den Kopf. „Menschlich." „Menschlich? Na ja vielleicht hast Du ja recht. Ich weiß nicht einmal, wie viele Chancen er bekommen hat. Drei, vier oder fünf. Auf Dauer war es aber anstrengend. Ich war mir immer sicher, dass es noch andere Frauen neben mir gibt. Die lange Leine, die ich brauche und ihm auch zugestanden habe, er hat sie benutzt und missbraucht. Ich war treu. Bis heute." Ein bitteres, heiseres Lachen kommt aus Catharine's Kehle. Dann fährt sie fort. „Er hat es immer geschafft mir einzureden, dass ich falsch liege und er treu ist. Ich habe vertraut und auch dieses Vertrauen wurde missbraucht und ausgenutzt. Vielleicht hatte ich ja drei rosarote Brillen auf. Trotz alledem hatte ich immer das Gefühl, dass der Mann in den ich mich verliebt hatte und den ich inzwischen liebte, immer noch vorhanden ist. Erklärbar ist das nicht. Vielleicht stirbt die Hoffnung ja doch zuletzt. Die Tür zu meiner Welt stand ihm offen. Er ist nicht durch sie hindurchgegangen. Seine Tür war für mich verschlossen. Ich hatte keinen Platz in seiner Welt, also bekam er, was er wollte, eine oberflächliche Beziehung. Eines ließ ich mir jedoch nicht nehmen – meine tiefen Gefühle für ihn." „Wie war das Ende für Dich?" Catharine schaut Helene traurig an. „Eine emotionale Katastrophe. Der Nachteil an tiefen und leidenschaftlichen Gefühlen ist, dass sie tiefe Verletzungen nach sich ziehen, die schwer heilen. Mir war zu diesem Zeitpunkt schon seit einiger Zeit klar, dass ich diese Beziehung so nicht mehr leben will und es von seiner Seite keine Veränderungen geben wird. Also zog ich einen Schlussstrich für mich. Er erfuhr es nicht, da wir gerade Streit miteinander hatten. Ich hatte für mich beschlossen, ihn nicht mehr wiederzusehen. Das Hin und Her, ich war es leid und es gab auch keine wirkliche Konsistenz in dieser Beziehung. Ich habe keine Zukunft für uns gesehen und das gab den endgültigen Ausschlag. Er war einfach nicht bereit Veränderungen vorzunehmen." Catharine's Stimme wird noch leiser und brüchiger. „Ich dachte, ich wäre auf die endgültige Trennung gut vorbereitet und musste dann erleben, dass ich es nicht war. Eine Frau kam zu mir. Ganz plötzlich stand sie vor meiner Tür mit einem Kind auf dem Arm. Sie teilte mir mit, dass sie ihn heiraten wolle und dieses Kind von ihm sei. Der Name, den sie nannte, stimmte. Sie erzählte mir von ihm in stundenlangen Gesprächen. Eigentlich waren es eher Beschwerden. Meinen Einwand, dass ich mich bereits von ihm getrennt habe, ließ sie nicht gelten. Deshalb hörte ich ihr still zu und vor meinen Augen lief ein Déjà-vu ab. Elisabeth, die Ex-Frau von Max, hatte mir Ähnliches berichtet, nachdem sie geschieden waren. Wir sind uns zufällig auf einer Ausstellung begegnet. Sehr nett übrigens. Mit ihr hat er drei Kinder, um die er sich kaum kümmert. Doch das was diese Frau erzählte, war irgendwie nicht mein Max. Mir kam es so vor, als würde sie von einem anderen Mann sprechen und doch war er es. Bei mir gingen alle Jalousien runter. War ich wirklich so blöd und blauäugig oder macht die Liebe so blind? Dass er mich betrügt, war immer allgegenwärtig. Intuitiv habe ich das gespürt, aber nie beweisen können. Doch ein Kind ändert die Situation noch einmal. Ich teilte ihm mit, dass ich mich endgültig von ihm trenne und ging. Er nahm es gelassen. Es gab ja auch genug andere, die bereitstanden. Ihre Absicht lag für mich klar auf der Hand. Sie wollte ihn für sich und spielte Spielchen. Er war für sie Besitz und die Eifersucht hielt sie gefangen. Als ich ihr sagte, dass ich ihn mit ihrem Besuch konfrontieren werde, wollte sie das gar nicht. Er sollte nicht erfahren, dass wir Kontakt miteinander hatten. Sie wollte, dass ich still und heimlich verschwinde und er sie heiratet. Sehr naiv diese Dame. Max und heiraten das konnte ich mir nun wirklich nicht vorstellen. Mein letzter Gedanke war ‚Die haben sich verdient.'. Dann brach ich den Kontakt zu ihr ab."

„Wusstest Du das mit der Freundin und dem Kind?", platzt es aus Helene heraus. „Nein, aber es spielte keine Rolle mehr, die Würfel waren gefallen." Catharine erhebt sich und geht unruhig und nervös auf der Terrasse auf und ab. Dabei fährt sie fort: „Ich habe mir oft Gedanken darüber gemacht, warum er es getan hat. Habe versucht mich in ihn hineinzuversetzen, um seine Sichtweise zu sehen. Es kam immer das Gleiche dabei heraus. Er brauchte die vielen Frauen für sein Ego. Aber ich bin eben auch kein Mann und ein Gespräch hat es zwischen uns nie wirklich gegeben. Vielleicht ist das der Grund, warum ich mit ihm nicht abschließen kann. Die Mail, die er mir am Anfang unserer Beziehung schrieb, ich hätte sie vielleicht ernster nehmen sollen. Damals teilte er mir mit, dass er für eine Beziehung nicht tauge. Ich hielt das für eine Ausrede. Doch ich hatte nie eine wirkliche Wahl, mich für ihn entscheiden zu können. Im Zweifel auch gegen meine Prinzipien, denn er hat die Karten nie wirklich auf den Tisch gelegt. Vielleicht ist es Bindungsangst, die Angst vor Verletzungen, die Angst die Selbstständigkeit zu verlieren oder die viel gerühmte Freiheit aufgeben zu müssen. Vielleicht ist es die Ungewissheit, was daraus wird oder die Angst vor dem Verlust seiner Unabhängigkeit. Er hat mit mir nie darüber gesprochen. Jedenfalls nicht wirklich. Ein Klammeräffchen bin ich nun doch wirklich nicht. Doch ich kenne seine Wünsche und Bedürfnisse wahrscheinlich nicht wirklich. Er hätte sie aussprechen müssen. Es würde ihn aber viel Kraft und Energie kosten, dass zu tun. Dazu braucht es Motivation und innere Stärke. Ich war ganz offenbar keine Motivation. Trotzdem denke ich nach wie vor, dass Nähe, Zuneigung und Geborgenheit zu den schönsten Gefühlen zählen, die uns Menschen umgeben können. Ob er jemals in den Genuss dieser Lebenserfahrung kommt? Ich weiß es nicht. Doch es geht mich auch nichts an, denn er ist Vergangenheit. Bindungsangst kostet Lebensqualität, Freiheit und Selbstbestimmtheit. Man kann daran arbeiten, wenn man es will." „Du hast die Frage nicht beantwortet Catharine. Wie ist es Dir damit ergangen? Dir, ganz persönlich." Zögernd fährt Catharine fort. Sie hat sich inzwischen wieder gesetzt. „Immer dahin wo es wehtut. Ich befand mich in einer Schockstarre und habe mich verschlossen vor der Welt. Die Menschen in meiner nächsten Umgebung taten ungefragt ihre Meinung kund, die ich natürlich nicht hören wollte. Ich fühlte mich wie ein Ping-Pong-Ball und ließ mich durch die Gegend schubsen. Mein Gefühlszustand war außer Kontrolle geraten. Ich hatte keine Lust zu essen, keine Lust zu trinken und tat alle lebensnotwendigen Dinge nur, weil sie getan werden musste. In dieser Situation rief mich seine Freundin erneut an. Ich kannte die Nummer nicht, deshalb ging ich an das Telefon. Sie fragte mich, ob ich wieder eine Beziehung mit ihm hätte. Dann klagte sie mir ihr Leid, wie schwer sie es doch mit ihm hat. Gleichzeitig war sie jedoch davon überzeugt, dass er sie heiraten wird, und zwar schon bald. Ich wünschte ihr alles Gute, dachte ‚arme Irre' und fragte mich, was das Ganze mit mir zu tun hat. Dann legte ich auf. Zwei Tage später war ich in Frankreich und wie Du weißt haben Sebastian und Remy sich rührend um mich gekümmert. Nach dem Urlaub hatte ich meine Gefühle unter Kontrolle und stürzte mich in die Arbeit. Das hilft immer." Helene schaut sie grübelnd an. „Mmh, hättest Du ihn genommen, wenn Du von Anfang an gewusst hättest, dass er falsch spielt? Dass er mehr als eine Frau braucht. Zumindest ist das für mich offensichtlich. Moslem ist er ja wohl nicht? Es kann aber auch Gründe geben, warum sich jemand nicht trennt, Catharine. Als Frau kann man einen Mann fertigmachen. Egal ob es sich um eine Scheidung handelt oder nur um eine Trennung." „Das geht andersherum auch", fällt Catharine ihr in's Wort. „Nein Moslem ist er nicht. Ich glaube auch nicht, dass er es sich leisten könnte all seine Frauen zu ernähren. Das müssen die dann schon selbst tun. Aber stimmt schon. Die Freundin war keine Konkurrenz für mich. Sie passt wohl eher in die Kategorie billig und naiv. Außerdem war es ihr wichtig einen Mann an ihrer Seite zu haben. Wer das ist, schien ihr egal zu sein, Hauptsache ein Mann. Dabei wollte sie gar nicht ihn, sondern eher sein Geld. Schließlich war er CEO einer großen Firma und stammt aus einer der reichsten Familien Deutschlands. Dafür nimmt diese Frau einiges in Kauf. Das Kind war wohl eher so eine Art Kleber. Toleriert hätte ich sie jedoch auch nicht. Genau so wenig wie die vielen anderen, die es offenbar gegeben hat. Doch wäre eine Ehefrau da, dann würde es anders aussehen. Eine Ehe ist heilig für mich. Nie hätte ich gewollt, dass er sich für mich scheiden lässt. Ich weiß nicht genau. Ich habe mich scheiden lassen. Welche Gründe kann es geben, um an einer Ehe oder Partnerschaft festzuhalten, die wahrscheinlich nur noch auf dem Papier besteht?" Fragend sieht Catharine Helene an. Die überlegt sichtlich angestrengt. „Ein Kind vielleicht?" „Vielleicht. Doch wenn das Kind schon erwachsen ist wohl nicht mehr oder? Außerdem ist eine solche Partnerschaft für ein Kind gut? Kinder sind doch nicht blöd. Die bekommen das doch mit. Da wachsen sie ja gleich mit einem Schaden an der Seele auf." „Trotzdem das kann ein Grund sein. Oder das Haus oder der Status oder sein Leben. Vielleicht hast Du auch einfach nicht in seine Welt gepasst. Wer weiß denn was da für Überflieger rumrennen. Bloß keine Veränderungen bitte. Er ist konfliktscheu und trifft keine Entscheidungen. Ein guter Mann für eine dauerhafte Beziehung oder?" „Du meinst, er könnte schon, will aber nicht, weil er Angst vor dem Konflikt, der möglichen Schlammschlacht und der Entscheidung hat?" „Kann doch sein oder?" „Möglich ist alles", erwidert Catharine. „Hast Du nie in Erwägung gezogen Dich in eine neue Beziehung zu begeben. Es hat Dich doch sicher nicht nur Sebastian umworben?" Catharine winkt ab. „Sicher hat es Männer gegeben, die gern gewollt hätten. Die waren zeitweise sogar ganz schön lästig. Was die sich alles haben einfallen lassen, um an das Ziel zu gelangen, ist wirklich unglaublich. Doch ich habe meine Liebe zu ihm immer noch gespürt. Sie ist bis heute da und man kommt über den Verlust einer tiefen Liebe nicht hinweg, in dem man irgendjemanden anderen nimmt. Das hilft niemanden. Ich bin nicht einsam und kann gut allein sein. Ich weiß schon, Sebastian würde mir alles geben. Seinen ganzen materiellen Reichtum, sich und sehr viel Geborgenheit. Natürlich hätte ich seine Gefühle ausnutzen können, aber das bin nicht ich. Nenn mich naiv, aber ich glaube an die wahre Liebe. Mir ist egal, wie viel jemand hat, ob er arm oder reich ist, mich interessiert der Mensch. So weltfremd bin ich dann allerdings auch nicht, als das ich nicht weiß, dass viele lügen und sich verbiegen, um geliebt zu werden. Ich bin das nicht. Deshalb hatte nie jemand eine Chance. Er hat mein Herz besetzt und wer immer es haben will, wird hören ‚Besetzt, suche Dir eine andere.' Da kann man nichts machen. Ich akzeptiere das und lebe damit." Helene schaut sie entsetzt an. „Soll ich Dich jetzt beneiden oder bedauern? Das ist ja völlig bescheuert. Gut, manche Typen ändern sich. Doch bei Deinem Max sehe ich da keine Chance." „Keines von beiden", erwidert Catharine. „Es ist gut so, wie es ist." „Holst Du noch eine Flasche?", sagt da Helene und hebt die leere Flasche hoch. „Haben wir die ganze Flasche ausgepichelt?", erwidert Catharine, die jetzt erst merkt, dass sie einen Schwips hat. „Yep, aber ich schaffe es noch nach Hause mit einer Zweiten im Blut ma chérie. Ich bin Französin." Catharine erhebt sich. Sie ist bereits leicht unsicher auf den Beinen. „Ok, dann schauen wir mal, was mein Weinkeller noch so hergibt." Kurze Zeit später kehrt sie triumphierend mit einer Rotweinflasche zurück. „Côtes du Rhône", schreit sie die Flasche hochhaltend. „Auch ein süffiges Tröpfchen", gibt Helene zurück. „Schenk ein." Sie hält ihr Glas Catharine entgegen, die einschenkt. „Also wo waren wir?" „Bei den Mannsbildern", erwidert Catharine. „Richtig, bei dem Max." „Es scheint doch so zu sein, dass viele Paare sich mit einer ungelösten Beziehungssituation arrangieren, ihren Frieden schließen mit der Sexlosigkeit, und Frust oder Disharmonie erdulden, um sich nicht trennen zu müssen.

Zumindest kenne ich viele solcher Paare", beginnt Catharine. „Ok, dann hat er also eine Freundin für den Alltag und für den guten Sex Dich. Sei doch froh, da musst Du nicht für ihn kochen, putzen, waschen und einkaufen." „Spinnst Du?", erwidert Catharine, „ich will mehr als nur Sex." „Ja Du Schätzchen, aber er?" „Na toll", erwidert Catharine genervt. „Fassen wir also zusammen: Unzufriedenheit verbindet und Hass schweißt enger zusammen als Liebe. Langzeitpaare können wie Terrier sein, ihre Aggressionen haben sich verfestigt, die Wut aufeinander, negative Gefühle und ständiger Frust funktionieren wie Uhu-Sekundenkleber – die Partner sind im Unguten aneinander gebunden, und kommen einfach nicht voneinander los. So meinst Du das oder?" „Ja, so in etwa. Uhu-Sekundenkleber ist gut. Das muss ich mir merken." „Na puh", erwidert Catharine. „Schau mal", beginnt Helene erneut, „was sind die untrüglichen Zeichen für das Ende einer Ehe oder Beziehung?" Catharine überlegt, aber der Kopf ist bleiern. Das Denken fällt schwer. Sie räuspert sich. „Aus eigener Erfahrung kann ich sagen, keinen Sex mehr bzw. Sexfrust, soll heißen emotionale Entfremdung. Andere Männer netter, schöner und überhaupt besser finden. Nicht mal mehr miteinander streiten ist möglich. Naja und wahrscheinlich dauernde Untreue. Das gab es bei mir aber nicht. Damit das klar ist. Einmal nachgewiesenermaßen untreu und ich bin weg." Helene nickt. „Siehst Du, Deine Beziehung zu ihm ist noch nicht beendet. Seine Beziehung zur Freundin schon." „Du hast zu tief in das Glas geschaut Helene. Ich habe ihn seit Jahren nicht gesehen, kenne seinen Beziehungsstatus nicht und er hat nichts getan, um mich zurückzugewinnen. Doch Deiner Meinung nach ist unsere Beziehung noch zu retten? Träum weiter." Catharine setzt die Flasche an und trinkt aus der Flasche einen kräftigen Schluck. „Ja, das denke ich", erwidert Helene, „und weißt Du warum?" „Nein. Doch ich weiß, dass Du besoffen bist." Helene droht ihr scherzhaft mit dem erhobenen Finger. „Du auch", gibt sie dann kichernd zurück. „Ich erzähle es Dir trotzdem. Du bist bereit, wenn er denn vor Deiner Tür stehen würde, ihm zuzuhören. Du erinnerst Dich immer noch an die schönen Momente in Eurer Beziehung. Du würdest noch einmal in die Beziehung investieren, ihm Aufmerksamkeit schenken, Dir Mühe geben und Dich anstrengen. Du könntest mit ihm noch gemeinsam lachen und die körperliche Anziehung ist ungebrochen. Wilder hemmungsloser Sex also inklusive." Belustigt haut sich Helene auf die Schenkel. Catharine sieht sie mit einem leicht vernebelten Blick an, bevor sie sagt: „Du hast für heute genug. Du redest Unsinn." „Du willst es nur nicht zugeben", erwidert Helene leicht gekränkt. „Nein will ich nicht. Letztendlich spekulieren wir nur. Wir sind nicht Max." „Richtig", gibt Helene zu. „Aber vielleicht ist es auch anders. Er hat doch noch Gefühle für diese Frau oder eben doch keine, aber ist der festen Überzeugung, dass er an einer Beziehung, auch wenn sie kaputt ist, festhalten muss. Alles andere schadet dem Image." Catharine wirkt ernüchtert. „Image? Welches denn? Schaut her, in welch heiler Welt ich lebe? Das ist doch krank. Hören wir auf mit den Spekulationen. Geben wir zu, wir wissen es nicht. Aber eines steht fest. Eine Beziehung oder Ehe zu beenden, ist ein verantwortungsvoller Akt, der Fakten schafft und Konsequenzen hat. In Würde die Partnerschaft zu beenden, heißt, sich selbst ernst zu nehmen." „Stimmt Catharine, aber das trifft auch für das Weiterführen einer Beziehung oder Ehe zu. Also übernimm die Verantwortung und handle." Catharine sieht Helene leicht erbost an. Da bekommt sie plötzlich einen Schluckauf. „Helene, hicks, ich mag Dich, hicks. Aber jetzt ist, hicks, Schluss. Damit ich Dich, hicks, morgen auch noch, hicks, mag, gehst Du, hicks, jetzt nach Hause." Catharine deutet auf die Tür. Helene verneigt sich vor Catharine. „Wie Madame befehlen aber ich habe trotzdem recht. Du wirst schon sehen." Leicht torkelnd steht sie auf und geht zur Tür. Catharine hört, wie die Tür in das Schloß fällt. Nachdenklich bleibt sie auf ihrem Stuhl sitzen. ‚Was wenn Helene recht hat?'

Am anderen Morgen wacht Catharine am Tisch sitzend auf. Sie hat den Kopf auf die Arme gelegt, die vor ihr verschränkt auf dem Tisch liegen. Es fällt ihr schwer, die Augen zu öffnen und den Kopf zu heben. ‚Dieser verdammt gute französische Rotwein', denkt sie. ‚Ich brauche einen starken Kaffee. Der lässt mich wieder leben.' Sie schleppt sich in die Küche, muss sich dabei aber immer wieder festhalten. Da klopft es an der Tür. „Herein, die Tür ist offen", schreit Catharine in Richtung Tür. Es ist Helene. Sie ist etwas blass um die Nasenspitze. „Mann o Mann, habe ich einen Kopf. Wie viel haben wir getrunken?", stöhnt sie. „Offenbar genug", erwidert Catharine. „Schön war es trotzdem", erwidert grinsend Helene. „Aber nimm nicht alles so ernst was ich gesagt habe", ergänzt sie noch. „Ich hatte ziemlich einen im Tee." Dann deutet sie auf Catharine's Kaffeetasse. „Bekomme ich auch einen?" Wortlos schiebt ihr Catharine eine Tasse Kaffee hin. Dann lässt sie sich auf den nächsten Stuhl fallen. „In meinem Alter sollte man wohl nicht mehr allzu tief in das Glas schauen. Selbst dann nicht, wenn es sich um den besten französischen Rotwein handelt. Gott bin ich fertig." „Der, meine liebe Catharine, kann Dir jetzt auch nicht helfen. Trink Deinen Kaffee. Das hilft." Gehorsam schlürft Catharine ihren Kaffee. „So unrecht hast Du gar nicht", beginnt Catharine dabei. „Jedenfalls habe ich begonnen nachzudenken. Aber erwarte keine Ergebnisse von mir. Derzeit bin ich nicht zurechnungsfähig aufgrund des Alkoholspiegels in meinem Blut." Stöhnend greift sich Catharine an den Kopf. ‚Wann hatte ich eigentlich das letzte Mal einen solchen Schädel?' „Dann war die Sauferei ja nicht ganz umsonst", lacht Helene schrill auf. „Bitte, Helene, mein Kopf", stöhnt Catharine. „Schon gut. Jedenfalls habe ich jetzt für Christian die beste Ausrede für diese Sauferei." Sie erhebt sich, grinst und verlässt das Haus. Catharine erhebt sich und schleppt sich in Richtung Schlafzimmer. Dort schmeißt sie sich auf ihr Bett. ‚Lieber Gott, ich werde nie wieder so viel trinken, aber bitte erlöse mich von den Qualen. Und sage jetzt nicht, ich bin selbst schuld. Das weiß ich allein.' Sie dreht sich um und ist eingeschlafen.

Zwei Tage später liegt sie gerade in einem Liegestuhl im hinteren Teil ihres Gartens unter einer Platane, als sie jemanden laut schimpfen hört. ‚Sebastian?' Sie lauscht. Die Stimme kommt langsam näher. „Verdammter Köter, bleib endlich stehen." ‚Das kann nicht Sebastian sein. Der hat ja keinen Hund.' Catharine will sich gerade erheben, als ihr etwas Schwarzes direkt in das Gesicht springt. Sie fällt zurück auf den Liegestuhl, der unter ihr zusammenbricht. „Verdammt", schreit sie laut auf. Sie ist nach hinten gefallen und das schwarze Etwas schleckt sie ab. „Iiiiiii", schreit Catharine. Sie versucht das schwarze Knäuel abzuwehren. Endlich erwischt sie es und hält es hoch. „Nanu", lacht sie immer noch auf der

Erde auf ihrem Liegestuhl liegend. „Wer bist du denn und wo kommst du her?" Sie hält einen schwarzen Welpen in ihren Händen. Er sieht wie ein Wollknäuel aus, denn er hat langes, wolliges, lockiges Fell. „Ich weiß, wer du bist. Du bist ein Barbet, ein französischer Wasserhund. Dich behalte ich." Schon steht, nach Luft ringend, Sebastian neben ihr und schaut sie leicht böse von oben herab an. Schweiß perlt auf seiner Stirn. „Das Vieh ist wie Du. Der macht, was er will. Ich sage links, er geht rechts. Ich sage bei Fuß, er rennt weg." Henry wischt sich den Schweiß von der Stirn. Catharine lacht und versucht sich zu erheben. Das stellt sich mit einem Welpen in der Hand als nicht so leicht heraus. Sebastian hilft ihr auf. Als sie endlich neben ihm steht, fragt sie ihn: "Wo hast Du ihn her?" „Ein Geschäftsfreund aus Orléans züchtet sie. Der war übrig und sollte eingeschläfert werden. Keiner will ihn. Er hat einen Überbiss. Entspricht also nicht den Zuchtkriterien. Ich dachte, das ist der richtige Hund für Dich." „Richtig gedacht", gibt Catharine zurück. Sie hält den kleinen Welpen im Arm, der vergeblich versucht sich zu befreien. „Dann muss ich wohl einkaufen fahren. Eine Hundewelpen-erstausstattung besorgen." „Nein musst Du nicht. Ich habe alles in doppelter Ausführung im Wagen. Einmal für Dich und einmal für mich. Futter vom Züchter inklusive. Der Überbiss macht ihm übrigens beim Essen keine Probleme." „Schön. Wir teilen uns also den

Hund?" „Nein, es ist Deiner. Aber ich spiele den Hundepflegepapa, wenn Du nicht da bist. Natürlich nur, wenn Du willst." „Einverstanden und du mein kleiner Süßer bekommst jetzt einen Namen. Louis von Orléans, so wirst du heißen. Kurz Louis." Sebastian beginnt lauthals zu lachen und klopft sich dabei vor Vergnügen auf die Schenkel. „Louis von Orléans, was für ein Name für einen so kleinen Hund. Eigentlich heißt er aber….." Bevor Sebastian den Satz beenden kann, fällt ihm Catharine in das Wort. „Papperlapapp, er heißt so, wie ich es sage und Schluss." „Schon gut, schon gut", erwidert Sebastian, „ist akzeptiert." Dann wendet er sich an den Welpen. „Gewöhne dich lieber an sie, sie kann sehr dominant sein, aber eigentlich ist sie ganz nett." Immer noch lachend geht er in Richtung Haus. Dabei schüttelt er immer wieder seinen Kopf. Catharine folgt ihm mit dem Welpen auf dem Arm. „Ich hole seine Sachen aus dem Auto. Da ist auch eine Leine dabei. Kochst Du einen Kaffee? Und vielleicht ist auch etwas Kuchen im Haus?" „Der Herr hat Ansprüche", knurrt Catharine. Catharine schließt die Terrassentür und setzt dann den Welpen ab. Der beginnt sofort, seine Umgebung zu erkunden. Schon steht Sebastian vollgepackt mit Hundeutensilien in der Tür. „Wohin damit?" „Lege es erst einmal dort in die Ecke. Aber stelle ihm bitte Wasser hin. Er wird Durst haben." Catharine kocht den Kaffee, stellt die zwei Tassen auf ein Tablett und legt ein paar Madeleines dazu. Gerade will sie das Tablett nehmen, als sich Sebastian hinter ihr räuspert. „Der Hund hat da hinten in die Ecke gemacht." „Dann wisch es weg." „Es ist Dein Hund." „Faulpelz. Sind alle Türen zu?" „Ja." „Der Garten auch?" „Ja." Catharine öffnet die Terrassentür und schon schießt Louis an ihr vorbei in den Garten und tollt herum. Catharine folgt mit dem Tablett. Sebastian schließt sich an. Als Catharine das Tablett abgestellt hat, dreht sie sich zu Sebastian um. „Typisch Mann, den Dreck dürfen die Frauen wegmachen. Dir bleibt das Vergnügen." Sie geht in das Haus und wischt die kleine Pfütze weg. Händewaschen und schon sitzt sie am Tisch, den Sebastian bereits gedeckt hat und als Geste der Versöhnung ein paar Lavendelblüten auf ihren Teller drapiert hat. Catharine muss lächeln, als sie das sieht. Dann gibt sie ihm einen leichten Kuss auf die Wange. „Bist doch der Beste, von Louis einmal abgesehen." „Wusste ich es doch, dass ich jetzt keine Chance mehr bei Dir habe", gibt Sebastian zurück. „Schau Sebastian, die Frage die sich stellt, ist doch, versau ich mir jetzt den Teppich oder das ganze Leben?" Sebastian sieht sie leicht verunsichert an, dann beginnt er, lauthals zu lachen. „Die Antwort lautet", beginnt er zögernd, „Du tust beides nicht. Den Hund wirst Du erziehen und den richtigen Mann finden. Sonst wärst Du nicht Catharine." Jetzt schaut Catharine leicht verunsichert. Dabei zieht sie eine Augenbraue hoch. Dann beobachten sie beide versonnen

Louis, der sichtlich vergnügt im Garten spielt. „Vielleicht hast Du recht Sebastian. Wir werden es sehen. Bleibst Du jetzt hier?" „Nein, ich fahre zu mir. Ich muss arbeiten, aber Du kannst am Sonntag zum Mittagessen mit Louis kommen." „Einverstanden. Ich darf mir etwas wünschen?" Sebastian nickt. Catharine denkt kurz nach. „Chateaubriand mit Rotweinsauce, dazu Kartoffeln, Pilze und grüne Bohnen. Als Nachtisch Mousse au chocolat und Crème brûlée?" Sebastian lächelt. Er ist sichtlich amüsiert. „Wie Madame befehlen. Bei meinem Arbeitstag schaffe ich das spielend." „Das ist ein Sonntag Sebastian. Da arbeitest auch Du nicht." Sebastian legt beruhigend die Hand auf Catharine's Arm. „Schon gut. Du bekommst, was Du Dir wünschst. Für den Kuchen sorgt allerdings Madame." Catharine nickt mit dem Kopf, als Zeichen ihrer Zustimmung. Den Rest des Nachmittags tollen sie mit Louis im Garten herum wie die kleinen Kinder. Es bereitet Allen ein sichtbar großes Vergnügen. Schließlich verabschiedet sich Sebastian und fährt heim. Catharine bleibt mit Louis zurück. Als Catharine schlafen gehen will, zeigt sie Louis sein Körbchen. Brav schlüpft er hinein. ‚Das geht ja besser als gedacht', denkt Catharine. Doch sie hat die Rechnung ohne Louis gemacht. Gerade im Schlafzimmer will Catharine die Tür schließen, als Louis flugs durch den Spalt huscht. „Nein mein kleiner Freund", sagt Catharine energisch zu Louis, „du schläfst im

Körbchen." Sie nimmt ihn am Halsband und führt ihn zurück in sein Körbchen. Als sie sich umdreht, steht Louis sofort wieder hinter ihr und schaut sie mit einem herzerweichenden Hundeblick an. Catharine lässt sich davon nicht beeindrucken. Sie hebt den Zeigefinger und sagt in einem harschen Ton: „Nein, du schläfst im Körbchen." Dabei schiebt sie Louis wieder zurück und siehe da, er bleibt im Körbchen. Sie nickt zufrieden. Catharine kehrt in ihr Schlafzimmer zurück, lässt die Tür dabei aber offen. Schließlich ist es Louis erste Nacht in ihrem Haus. Sie zieht die Decke über den Kopf und schließt die Augen. Da bemerkt sie eine Bewegung am Fußende. Ehe sie sich versieht, merkt sie, dass etwas unter ihrer Bettdecke zu ihr nach oben kriecht. Sie schlägt die Bettdecke zurück und Louis schaut sie mit seinen großen Augen an. „Du frecher Kerl du", schimpft Catharine. „Aber gut, diese eine Nacht gestatte ich es dir. Es ist schließlich deine Erste in diesem Haus. Ab morgen aber schläfst du draußen." Sie schlägt die Decke wieder über ihn. Legt den Arm oben drauf und schläft ein.

In den nächsten Tagen verbringen Catharine und Louis viel Zeit miteinander. Sie machen jeden Morgen einen ausgiebigen Spaziergang zum See und Louis macht jeden Morgen wieder seinem Namen alle Ehre und springt als Erster hinein. Catharine folgt ihm. Mittags dösen die beiden im Garten und am Abend drehen sie ihre Runde um das kleine Dorf herum. Nachdem Louis bei einem solchen Spaziergang in den Hof eines Bauern eingedrungen ist und die Hühner als Spielzeug entdeckte, muss er nun an der Leine gehen. Catharine hat es dem Bauern versprochen. Nach der Aufregung legten die Hühner drei Tage keine Eier mehr. Er bleibt inzwischen brav daheim, wenn Catharine einkaufen fahren muss und zeigt sich auch ansonsten recht verträglich. Beide fühlen sich sichtlich wohl miteinander.

Heute ist Sonntag und heute werden die beiden bei Sebastian zu Mittag essen. Catharine hat eine französische Birnen-Tarte gebacken. Es ist Sebastian's Lieblingskuchen. Sie packt sie in den Kofferraum ihres Autos. Dann holt sie Louis und schnallt ihn auf dem Rücksitz mit einem Gurt fest. Das gefällt Louis gar nicht und er beginnt, an dem Gurt zu zerren. „Louis lass das. In dreißig Minuten sind wir da. Das schaffst du." Doch Louis ist anderer Meinung und hüpft aufgeregt auf der Rückbank hin und her. ‚Sinnlos', denkt Catharine und fährt los. Vor Sebastian's Haus angekommen hupt sie kurz. Dann steigt sie aus, um Louis von dem Gurt zu befreien. Doch der hat sich inzwischen mit dem Gurt arrangiert und schläft friedlich auf der Rückbank. Als Catharine die Tür öffnet, rührt er sich nicht. „Na ihr beiden", ruft da auch schon Sebastian, seine Gartentür öffnend. „Der schläft", wendet sich Catharine schulterzuckend an ihn. „Ich kann ihn doch nicht im Auto lassen. Es ist doch viel zu heiß." „Schön Dich zu sehen", gibt Sebastian zurück und gibt ihr einen Kuss auf die Nasenspitze. Dann schaut er in das Auto. „So friedlich ist er selten oder?" „Er hat einiges angestellt in dieser Woche, doch inzwischen geht es mit uns beiden voran", erwidert Catharine. „Gut, dann nimm Du den Kuchen und meine Tasche. Ich wecke ihn. Im Auto kann er jedenfalls nicht bleiben." Sie drückt Sebastian den Kuchen in die Hand und hängt ihm ihre Tasche um. Dann öffnet sie die Tür und schnallt Louis an seine Leine, bevor sie den Rücksitzgurt löst. Er ist ihr schon einmal entwischt, deshalb ist sie vorsichtig. Louis öffnet tatsächlich die Augen, erhebt sich gemächlich und springt dann aus dem Auto. Sebastian hält die Gartentür offen. Kaum ist Catharine mit Louis in Sebastian's Garten, verspürt sie einen Ruck an der Leine und bevor sie reagieren kann ist Louis mit der Leine im Schlepptau in Richtung Pool unterwegs. „Nein Louis, nein, das ist kein See", schreit Catharine aufgeregt und läuft ihm nach. Sebastian blickt den beiden verständnislos hinterher. Dann begreift her und beginnt ebenfalls zu laufen. Louis badet inzwischen, sichtlich vergnügt, im Pool und Catharine steht am Rand und schlägt verzweifelt die Hände über den Kopf zusammen. „Louis komm da raus. Das ist kein See, sondern ein Pool für Menschen. Du sollst kommen. Hund hör doch einmal auf mich." Catharine's Stimme klingt verzweifelt. Sebastian steht inzwischen hinter ihr und weiß nicht, ob er lachen oder weinen soll. „Na der hört ja prima", hört Catharine ihn sagen. Mit blitzenden Augen dreht sie sich zu ihm um und knurrt ihn an: „Halt den Mund. Tu lieber was." Sebastian hebt beschwichtigend die Hände. „Schon gut. Ich mein ja nur. Was soll ich denn tun?" Catharine überlegt rasch wie sie Louis dazu bewegen kann aus dem Pool zu kommen und fasst dann einen spontanen Entschluss. Sie trägt ein schulterfreies Kleid, aus welchem sie schnell herausschlüpft. Dann entledigt sie sich ihres Slips und ihrer Schuhe, um dann splitterfasernackt in den Pool zu springen. Sebastian steht mit offenem Mund und großen Augen am Beckenrand. Catharine bekommt inzwischen Louis am Halsband zu fassen und drängt ihn in Richtung Treppe. Sie schiebt ihn die Treppe hoch. Inzwischen hat sie die Leine auch wieder in der Hand, und als sie den Beckenrand erreichen, schüttelt sich Louis erst einmal kräftig. Catharine erhält, unfreiwillig, eine zusätzliche Dusche. „Danke Louis. Jetzt ist mir zumindest nicht mehr heiß", fährt sie den Hund wütend an. Dann geht sie mit Louis an der Leine, möglichst würdevoll, auf Sebastian zu. Der kommt aus dem Staunen nicht mehr raus. „Da möchte Mann doch glatt ein Hund sein", flüstert er leise vor sich hin. Catharine drückt ihm Louis in die Hand. „Bringe ihn in den Schatten und leine ihn an. Ich geh duschen. Bringe mir bitte ein Handtuch." Dann nimmt sie ihre immer noch am Beckenrand liegenden Sachen und geht in Richtung Pooldusche davon. Sebastian starrt ihr mit offenem Mund nach. Catharine steht inzwischen unter der Dusche und wäscht auch ihre Haare. Ihre Frisur hat sich im Wasser aufgelöst. Sebastian bringt ihr wortlos ein Badetuch, dreht sich dann um und verschwindet genauso wortlos wieder. Inzwischen ist Catharine wieder bekleidet. Die Haare hat sie mit dem Badetuch eingewickelt. Sie geht zur Terrasse, auf der Sebastian schon sitzt. „Ich brauche eine Bürste und einen Fön." „Du bist hier zu Hause", erwidert Sebastian. „Bediene Dich." „Wo ist Louis?" Sebastian deutet auf einen Olivenbaum. Unter dem sitzt Louis und kaut an einem Knochen. Eine Schüssel Wasser steht vor ihm. Catharine ist beruhigt und geht in das Haus. Sebastian sieht ihr versonnen hinterher. ‚Sie hat, trotz Ihres Alters, eine tolle Figur.' In ihm regt sich etwas, was ihn nervös werden lässt. ‚Blöder Hund', schilt er sich. ‚Sie will nicht. Halt das unter Kontrolle.' Doch es fällt ihm schwer und so blickt er verlegen um sich. ‚Am besten springe ich auch in den Pool', denkt er gerade, da steht auch schon Catharine wieder auf der Terrasse. „Tut mir leid", sagt sie und setzt sich an den Tisch. „Essen wir?" Sebastian nickt stumm. Doch er erhebt sich nicht. „Sebastian?" Catharine sieht ihn fragend an. „Was ist los?" „Na ich sehe ja nicht jeden Tag eine nackte Frau in meinem Pool", bricht es da aus Sebastian heraus. „Du hättest ja wegschauen können", kontert Catharine. „Bei dem Anblick. Welcher Mann tut das?" Catharine zuckt mit den Schultern. „Ja erwischt, ich bin auch nur ein Mann." „Das habe ich nie angezweifelt. Sebastian, heißt das jetzt, ich bekomme nichts mehr zu essen?" Catharine's Stimme klingt verärgert. „Doch." Sebastian klingt gequält. Er will sich erheben, lässt sich aber gleich wieder fallen. „Noch einen Augenblick." Catharine sieht ihn verständnislos an. „Soll ich das Essen holen?" „Nein, ich mach das schon. Einen Moment." Plötzlich klickt es in Catharine's Kopf. Sie hat verstanden und der Schalk kommt durch. „Kann ich helfen? Soll ich mal nachschauen?", fragt sie ihn mit einem schelmischen Grinsen im Gesicht. Dabei macht sie Anstalten unter den Tisch zu schauen. „Untersteh Dich", schreit da Sebastian, springt auf, rast auf den Pool zu und springt hinein. Louis lässt für einen Moment von seinem Kauknochen ab und hebt den Kopf. Catharine kann sich vor Lachen kaum noch halten. „Prima, heute ist Badetag", ruft sie laut aus. Dabei klatscht sie in die Hände. „Wenn alle sauber sind, können wir ja essen." Dann verschwindet sie lachend in der Küche. Sie richtet in der Küche gerade das Essen her, als sie von draußen Sebastian schreien hört. Rasch geht sie auf die Terrasse, um zu schauen, was nun wieder los ist. Sie kann nichts entdecken. „Warum schreist Du so?", brüllt sie in Richtung Pool. „Catharine ich brauche ein Handtuch und ein paar Sachen. Sei so lieb und lege mir alles an die Pooldusche." „Wird gemacht." Catharine läuft in den ersten Stock, holt das Gewünschte und legt alles an die Pooldusche. „In zehn Minuten wird gegessen", ruft sie über die Schulter in Sebastian's Richtung. „Komm gleich", hört sie es hinter sich. Sie stellt die angerichteten Teller auf den Tisch und setzt sich. Sebastian steht bereits unter der Dusche. Catharine bemüht sich, nicht hinzusehen. Angestrengt schaut sie in eine andere Richtung, doch aus den Augenwinkeln riskiert sie einen Blick. ‚Ist doch nicht zu verachten', denkt sie. Doch sie schüttelt den Gedanken ab, schließlich sind sie befreundet. Da kommt auch schon Sebastian, immer noch leicht verlegen, mit Louis im Schlepptau auf die Terrasse. „Ich dachte, ich bringe ihn mit. Schließlich gibt es Fleisch. Da fällt doch sicher etwas ab für ihn oder?" „Nein", erwidert Catharine, „er ist ein Hund. Außerdem hat er seinen Knochen." „Siehst du mein Kleiner", wendet sich Sebastian an Louis, „sie ist streng mit uns, unsere Catharine." Dann setzt er sich und bindet Louis an seinen Stuhl. „Bon Appétit", wünscht Catharine und beginnt mit dem Essen. „Wusstest Du eigentlich, dass der Pool selbstreinigend ist, Catharine?" Catharine schaut ihn an. „Nein. Bedeutet das jetzt, dass ich nicht in den Pool hätte springen müssen?" „Ja." Sebastian grinst. „Und warum sagst Du mir das erst jetzt?" „Welcher Mann meine Liebe lässt sich einen solchen Anblick entgehen?" Catharine überlegt einen kurzen Moment. Dann steht sie auf, bindet Louis los und mit den Worten: „Ab in den Pool", rennen beide auf den Pool zu und springen hinein. Im Laufen entledigt sich Catharine ihrer Sachen. Sebastian ist sprachlos und schaut den beiden hinterher. Doch dann packt es ihn. Er steht ebenfalls auf, zieht sich langsam aus und springt mit einem kurzen Anlauf in den Pool. Louis findet es toll mit Herrchen und Frauchen zu baden und so tollen die Drei eine Weile im Pool herum. Doch schließlich wird es Louis zu langweilig. Er klettert, mit Catharine's Hilfe, aus dem Pool und sucht sich ein schattiges Plätzchen, um zu schlafen. Catharine sieht Sebastian an. „Ich denke, nun können wir in Ruhe essen." Sebastian nickt. „Ich lass Dir den Vortritt." Catharine klettert aus dem Pool, stellt sich erneut unter die Dusche und schlüpft dann, nass wie sie ist, in ihre Sachen. Dass Sebastian sie dabei beobachtet, stört sie nicht. Anschließend geht sie in das Bad, um sich die Haare zu trocknen. Als sie wieder auf die Terrasse tritt, sitzt Sebastian schon am Tisch. Mit den Worten: „Nun lohnt sich die Reinigung wenigstens", setzt sich Catharine dazu. Beide verspeisen sichtlich hungrig, dass inzwischen etwas erkaltete Mahl. Anschließend serviert Sebastian die Nachspeisen und Catharine macht den Kaffee für den Kuchen. „Ich bin müde", hört sie da Sebastian sagen. „Wo ist Louis?" Sebastian deutet hinter sie. Louis schläft. „Gut dann ist gegen ein kleines Nickerchen ja nichts zu sagen oder?" „Nein", sagt Sebastian und deutet auf die Schaukelliege am Rande des Gartens. Mit zwei Kissen bewaffnet gehen beide zur Schaukel und schnell sind sie eingeschlafen. Es ist schon dunkel als Catharine erwacht. Sebastian liegt nicht mehr neben ihr. Verschlafen sieht sie zur Terrasse und sieht lächelnd zu, wie Sebastian und Louis miteinander spielen. ‚Warum kann es nicht immer so sein? Ruhig und friedvoll.' Sie erhebt sich und geht langsam auf das Haus zu. „Wie spät ist es Sebastian?" „Nach Mitternacht. Leg Dich in das Gästezimmer. Ich sperre zu." Catharine nickt kurz und geht dann in die erste Etage. Sie hört nicht mehr wie Sebastian und Louis nach oben kommen.

Am nächsten Morgen ist Catharine als Erste wach. Leise zieht sie sich an, schleicht dann in Sebastian's Schlafzimmer um Louis zu holen und beide gehen aus dem Haus in Richtung Meer. Louis riecht das Meer sofort. Unruhig wedelt er mit dem Schwanz hin und her. Er beginnt an der Leine zu ziehen. Catharine lässt ihn von der Leine und schon stürzt er sich auf die Wellen. Lächelnd sieht Catharine seinem Spiel zu und setzt sich auf einen Felsen. Die Sonne geht langsam auf und erste, wärmende Sonnenstrahlen kitzeln Catharine im Gesicht. Da sieht sie Sebastian den Strand entlangkommen. Sie winkt ihm zu. Er winkt zurück.

Schon sitzt er neben ihr. „Gut geschlafen?" „Ja, viel zu tief", erwidert Catharine. „Und Du?" „Ich auch. Hat er Dich wach gemacht?" Er deutet auf Louis. „Nein, ich ihn", erwidert lachend Catharine. „Frühstücken wir noch zusammen?", will sie dann wissen. Sebastian nickt. „Gleich hier um die Ecke ist ein kleines Café. Ich lade Dich ein." Catharine nickt zustimmend. „Komm Louis", ruft Catharine und erhebt sich. Folgsam kommt Louis angelaufen und Catharine nimmt ihn an die Leine. Gemeinsam gehen sie den Strand hinauf in Richtung Café. Sie frühstücken. Louis bekommt ein wenig Wasser und eine kleine Belohnung. Dann will Catharine aufbrechen. „Du kannst doch noch bleiben", sagt da Sebastian zu ihr. „Nein, ich habe noch im Haus zu tun und morgen bin ich mit Helene und Christian verabredet. Aber wie wäre es, wenn Du uns nächsten Sonntag besuchst und den Kuchen mitbringst? Ich mache Fisch." „Gut, das geht in Ordnung", erwidert Sebastian. Schon sind sie am Auto. Louis springt hinein und Catharine schnallt ihn an. Sebastian reicht Catharine ihre Tasche. Sie gibt ihm einen leichten Kuss auf die Wange und schon ist sie verschwunden. Zurück bleibt ein nachdenklicher Sebastian, der sich schwört alles dafür zu tun, um Catharine an sich zubinden.

Die nächsten Monate vergehen wie im Fluge. Catharine lebt sich immer mehr in ihrem neuen zu Hause ein und auch Louis gewöhnt sich daran zwischen Catharine und Sebastian zu pendeln. Ihr Haus ist inzwischen vollständig eingerichtet und so kann Catharine ihr zu Hause und die Umgebung in vollen Zügen genießen. Sie wandert mit Sebastian durch den Luberon, fährt Paddelboot auf einem kleinen Fluss und sogar das Kitesurfen entdecken die beiden wieder für sich. Sie besuchen Museen, gehen auf Konzerte und Les Beaux de Provence steht auch auf dem Programm. Weihnachten feiern sie bei den Eltern von Sebastian und das neue Jahr beginnt für die beiden in Venedig. Die Zwei nähern sich einander immer weiter an, doch es bleibt eine Freundschaft mit Wohlfühlfaktor. Sie sind sichtlich bemüht, ein Zuviel an Nähe zu vermeiden. Catharine verspürt nicht das Bedürfnis an diesem Zustand etwas zu ändern, doch in Sebastian brodelt es. Für ihn fehlt das letzte Stück zum großen Glück. Er will mit Catharine eine Beziehung. Deshalb trifft er einen folgenschweren Entschluss.

Es ist ein warmer Apriltag, die Sonne steht schon hoch am blauen Himmel der Provence und Catharine entledigt sich gerade ihrer Jacke, um endlich wieder die Wärme auf ihrer Haut zu spüren, als plötzlich das Telefon klingelt. Catharine läuft vom Garten in das Haus und nimmt den Hörer ab. Es ist Sebastian. „Catharine ich komme früher von der Geschäftsreise heim. Es wird aber spät werden. Können wir gemeinsam zu Abend essen?"

„Dann muss ich einkaufen fahren", erwidert Catharine. „Ich habe kaum noch etwas im Haus." „Es reicht eine Gemüsesuppe. Hauptsache etwas Gesundes. Ich habe die Nase voll vom Essen im Hotel." Catharine zuckt mit den Schultern. „Gut, ich gehe mit Louis eine Runde spazieren und dann fahre ich einkaufen. Wann kommst Du?" „Ich weiß es nicht genau. Sagen wir neunzehn Uhr plus/minus?" „Also ausreichend Zeit. Solltest Du vor mir daheim sein, geh einfach rein. Den Schlüssel hast Du ja." „Ich freu mich auf Dich." „Ich mich auch", gibt Catharine zurück. Dann legt sie auf. Sie ruft nach Louis. Der kommt auch brav angetrabt. „Wir bekommen Besuch. Dein Frauchen muss einkaufen, also gehen wir jetzt eine Runde Gassi", wendet sich Catharine an Louis. Der wedelt nur mit dem Schwanz und mit einem Satz ist er auch schon aus der Tür. Eine Stunde später sitzt Catharine schon in ihrem Auto und fährt in Richtung Géant-Markt. Ein provenzalischer Salat wird es werden, dazu etwas Huhn und als Nachtisch wird es Clafoutis aux cerises geben, Kirschauflauf. Catharine ist mit sich sehr zufrieden. Ihre französischen Kochkünste werden immer besser. Als sie auf den Parkplatz des Supermarktes fährt, sieht sie vereinzelt ein paar Wohnmobile dort stehen. ‚Oh, die Touristen fallen wieder ein', denkt sie, bevor sie aussteigt. In Gedanken versunken, denn ein französisches Essen will gut überlegt sein, geht sie auf den Supermarkt zu. Da stolpert sie plötzlich über etwas. Gerade kann sie sich noch fangen, sonst wäre sie gefallen. Da liegen doch tatsächlich quer über einen PKW-Parkplatz Beine. Der Rest ist nicht zu sehen, denn der liegt unter einem Wohnmobil. „He", platzt es aus Catharine heraus. „Muss man seine Quadratlatschen unbedingt auf dem Asphalt parken?" Wutentbrannt schaut sich Catharine um. „Ist ja klar ein Sardinenbüchsenbesitzer", ergänzt sie noch. „Es reicht wohl nicht, dass ich mich auf der Autobahn ärgern muss über eine Behinderung wegen Schneckentempo. Nicht einmal hier hat man seine Ruhe." Sie will gerade weitergehen, als es unter dem Wohnmobil wütend zurücktönt: „Kann die gnädige Frau ihre Haxen nicht woanders lang schwingen? Weiber." Catharine stützt ihre Fäuste in die Hüfte und will gerade wüste Beschimpfungen von sich geben, als der Sardinenbüchsenbesitzer unter dem Wohnmobil hervorkriecht und Gestalt annimmt. „Du", tönt es aus zwei Mündern gleichzeitig. Catharine gewinnt als Erste ihre Fassung wieder. „Schöne Reise noch", sagt sie dann etwas zu laut und zu schrill. Sie dreht sich um und verschwindet schnell in Richtung Supermarkt. In ihrem Kopf wirbeln die Gedanken durcheinander. ‚Da bin ich viele Kilometer entfernt von der Schweiz und stolpere ausgerechnet über ihn. Blödes Schicksal. Keine Komplikationen bitte und kein Revival. Ich werde schnell die bezaubernde Jeannie und Hex Hex ist er weg.' „Catharine warte doch", hört sie es da hinter sich etwas abgehetzt rufen. ‚Ich denke nicht dran. Nichts wie weg hier. Wo ist hier das Damenklo? Immer wenn man eines braucht, ist keines da. Merde.' Da fasst er sie auch schon an den Oberarm und sie muss stehen bleiben. „Nicht mehr so ganz in Form?", bemerkt sie spitz, als sie sich zu ihm umdreht. Er steht keuchend, völlig außer Atem vor ihr. „Na ja, Du bist ja auch nicht mehr der Jüngste und ein alter Mann ist kein Schnellzug." Das hat gesessen. Er zuckt zusammen. „Catharine, jetzt warte doch mal. Ich darf doch wenigstens noch fragen, wie es Dir geht? Oder nicht?" „Nein, denn das geht Dich nichts an. Seit wann hast Du ein Wohnmobil? Schöne Weiterreise und Grüße an Deine Freundin." Sie entzieht ihm den Arm und will weitergehen. Er greift erneut nach ihm. „Jetzt bleib mal stehen. Reden wir miteinander. Bei einem Glas Wein vielleicht?" „Worüber sollen wir reden? Es geht mir gut, Dir auch, wie ich sehe und wir gehen weiter getrennte Wege. Punkt. Aus. Ende." „Lebst Du hier?", kommt es ungerührt zurück. „Ja. Ich habe es eilig. Gute Reise." Mit einer heftigen Bewegung entzieht sie ihm ihren Arm endgültig und verschwindet rasch im Supermarkt. Sie sieht sich nicht mehr um. Schnell erledigt sie ihren Einkauf, und als sie den Parkplatz wieder betritt, schaut sie sich zunächst einmal suchend um. Das Wohnmobil ist noch da, aber er ist weit und breit nicht zu sehen. In einem großen Bogen umrundet sie das Wohnmobil und geht zu ihrem Auto.

Rasch verstaut sie ihre Einkäufe im Kofferraum. Als sie auf dem Fahrersitz Platz nimmt, entdeckt sie an der Windschutzscheibe einen Zettel. Schnell steigt sie wieder aus und zieht ihn hinter dem Scheibenwischer hervor. ‚Ich finde Dich', steht auf dem Zettel. ‚Da sei Gott vor', denkt Catharine und steigt wieder ein um den Wagen zu starten. So schnell ist Catharine noch nie daheim gewesen. Als sie die Auffahrt hinauf fährt, sieht sie Sebastian's Auto. Sie springt aus dem Auto und läuft in das Haus. Dabei schreit sie: „Sebastiaaaaaaaaan…. Wo bist Du? Sebastiaaaaaaaan….. Himmeldonnerwetter noch einmal, wo steckst Du?" Die Stimme von Catharine überschlägt sich und hektische rote Flecken machen sich in ihrem Gesicht breit. Da kommt Sebastian auch schon aus dem Garten angelaufen. Louis folgt ihm. „Himmel Catharine. Was ist denn los? Du schreist ja, als sei der Teufel persönlich hinter Dir her." Catharine ringt nach Luft. „Nicht der Teufel, aber ein Geist", beginnt sie. „Es gibt keine Geister. Nun beruhige Dich doch. Du zitterst ja am ganzen Körper. Was ist denn passiert?" Catharine starrt ihn unverwandt an. „Sag mir, dass er nur auf der Durchreise ist." „Wer denn Catharine?" „Max. Ich habe ihn gesehen auf dem Parkplatz vor dem Supermarkt und ich hatte keine Halluzinationen." In kurzen Sätzen schildert Catharine, was passiert ist. Vor Aufregung muss sie immer wieder kurz nach Luft schnappen. Dann nimmt sie den inzwischen verknitterten Zettel aus der

Hosentasche und reicht ihn Sebastian. Der liest ihn durch und gibt ihn dann Catharine zurück. „Er ist sicher nur auf der Durchreise. Beruhige Dich Catharine. Ich hole die Lebensmittel aus dem Auto und dann kochen wir zusammen. Das entspannt." Catharine nickt wortlos. Sie sitzt immer noch auf dem Stuhl und zittert. Kleine Schweißperlen stehen auf ihrer Stirn. Fassungslosigkeit macht sich in ihr breit. ‚Das kann doch nicht wahr sein. Lieber Gott, lass es nicht wahr sein.' Nervös knetet sie dabei ihre Hände. Sebastian ist inzwischen mit den Einkäufen wieder herein gekommen. Er packt die Taschen aus und beobachtet Catharine aus den Augenwinkeln. „Catharine", beginnt er dann, „es ist vorbei. Das war Zufall, Schicksal oder von mir aus auch Gottesfügung." Catharine hebt den Kopf. Dann springt sie auf. „Ich will keine Zufälle, kein Schicksal und keine Gottesfügung. Ich will Ruhe und Frieden. Gib mir das Telefon, ich rufe den da oben an und sag ihm meine Meinung." Ihre Stimme klingt bedrohlich. „Catharine", erwidert Sebastian und hält sie dabei an beiden Oberarmen fest, „beruhige Dich. Du kannst den da oben nicht anrufen. Es gibt nun mal Dinge, auf die wir keinen Einfluss haben. Lass uns kochen." Catharine schaut ihn mit gefährlich blitzenden Augen und zusammengekniffenen Mund an. „Denkst Du, dass weiß ich nicht. Ich hab keinen Hunger", knurrt Catharine. „Doch hast Du", gibt Sebastian zurück und drückt ihr ein Messer in die

Hand. Schicksalsergeben beginnt Catharine das Gemüse zu schnippeln. Schließlich ist das Essen fertig, Catharine etwas ruhiger und die beiden beginnen zu essen. Sebastian lässt Catharine nicht aus den Augen. Die gibt keinen Ton von sich, sondern starrt nur vor sich hin. Mechanisch führt sie die Gabel zum Mund. Louis hat sich auf ihre Füße gelegt und schläft. Da hört Catharine plötzlich, wie aus weiter Ferne, ein: „Da bin ich." Sie zuckt zusammen und erstarrt. Dann steht sie auf und dreht sich um. Louis ist erschrocken hochgesprungen. Fast hätte Catharine ihn getreten. Ihre Augen weiten sich und der Mund öffnet sich, doch sie bekommt keinen Ton heraus. Es hat ihr die Sprache verschlagen. Sebastian, der sich ebenfalls erhoben hat, geht auf den Besucher zu. „Bonsoir, ich bin Sebastian und Sie sind?" „Max", ist die kurze und knappe Antwort. Immer noch starrt Catharine ihn unverwandt an. Dann formulieren ihre Lippen die Worte: „Was willst Du hier?" „Es war ein bisschen schwer Dich zu finden, aber Du hast gerufen und hier bin ich", kommt fröhlich zurück. „Was habe ich? Träumst Du? Ich habe Dich nicht gerufen. Lass Deine Spielchen." Catharine wird wütend. ‚Das hört nie auf. Lügen über Lügen.' Max wühlt in seiner Tasche und zieht ein Tablet heraus. „Hier", beginnt er und deutet dabei auf das Tablet, „die E-Mail ist von Dir und da steht Deine Adresse. Das kannst Du nicht leugnen. Ich verstehe sowieso nicht, warum du Dich vor dem Supermarkt so aufgeführt hast. Du wolltest doch, dass ich komme." Triumphierend steht er vor ihr. Catharine beugt sich über das Tablet. Tatsächlich, die E-Mail wurde von ihrem Account gesendet. „Ich war das nicht", beginnt sie erneut. „Dann hat die E-Mail sich wohl von allein geschrieben?" Max hat ein breites Grinsen im Gesicht. In Catharine's Händen zuckt es. ‚Ich hau ihm eine rein. Blöder Kerl. Was ist das wieder für ein krankes Spiel.' „Ich war es", hört sie da plötzlich Sebastian hinter ihrem Rücken sagen. Abrupt dreht sie sich um. „Du? Warum? Woher hast Du seine E-Mail-Adresse? Wann hast Du von ihm erfahren?" Sebastian zuckt mit den Schultern. „Als Du verreist warst, habe ich in Deinem Laptop gesucht. Ich habe gespürt, dass da noch ein anderer ist und ich wollte Dich zwingen, eine Entscheidung zu treffen. Er oder ich. Es tut mir leid." „Mir auch Sebastian. Es war gut, so wie es war. Warum? Er ist Vergangenheit und meine Zukunft ist hier." Catharine ist sichtlich erbost. Entsetzen macht sich in ihrem Gesicht breit. Louis sitzt derweil in der Ecke und schaut von einem zum anderen. Catharine hat das Gefühl den Boden unter den Füßen zu verlieren. Die Knie werden weich. Sie ist kreidebleich und fasst hinter sich nach einem Stuhl und lässt sich fallen. „Man kann seiner Vergangenheit wohl nicht entfliehen. Ungelöste Situationen holen dich immer wieder ein", murmelt sie vor sich hin. Dann schaut sie von Sebastian zu Max, der immer noch grinsend dasteht.

„Hör auf zu grinsen", herrscht sie ihn an. „Raus, alle beide raus. Ich will keinen von Euch beiden mehr sehen." Sie steht auf und öffnet die Tür. Sebastian geht als Erster mit gesenktem Kopf. Max folgt ihm. Catharine verriegelt die Tür und auch die Terrassentür wird verschlossen. Louis schaut sie verständnislos an. Brav folgt er ihr dann aber in das Schlafzimmer. Catharine schmeißt sich auf ihr Bett und beginnt dann hemmungslos zu weinen. Louis springt auf ihr Bett und schiebt seinen Kopf unter ihre Arme hindurch. Er beginnt, ihr Gesicht abzuschlecken. „Louis, du sollst doch nicht in mein Bett." Catharine hat den Kopf gehoben und will ihn wegschieben. Doch Louis wehrt sich und macht sich steif. „Na gut", schnieft Catharine. „Du bist stärker. Darfst bleiben, obwohl du ein Mann bist, aber nicht abschlecken. Wenigstens kannst du nicht lügen, aber du solltest mal wieder etwas länger schwimmen gehen. Du stinkst." Louis drückt sich an sie. Sie umarmt ihn und drückt ihr Gesicht in sein Fell. „Wenigstens du bist mir treu", murmelt sie noch, bevor sie langsam vor Erschöpfung in den Schlaf sinkt.

Abrupt setzt sich Catharine auf. Sonnenstrahlen fallen durch ihre Fensterlade und sie hört ein Klopfen. Sie horcht noch einmal. Da ist es wieder, ein leises Klopfen. Es kommt von der Terrassentür. Catharine erhebt sich. Sie fühlt sich wie nach einer durchzechten Nacht. Müde und zerschlagen sieht sie aus, als sie, im Vorbeigehen, in den Spiegel blickt. Ihre Glieder sind bleiern. Vorsichtig schleicht sie zur Terrassentür und blickt durch die Ritzen der Laden. Doch sie kann nichts erkennen. Hinter ihr steht Louis und stubst immer wieder an ihre Beine. Er will raus. „Still Louis. Gleich", wehrt sie ihn, mit einer abwehrenden Handbewegung, ab. Da hört sie ihren Namen. „Catharine", ruft eine weibliche Stimme leise. „Catharine, hörst Du mich? Mach auf." „Helene?" Vorsichtig, um Lautlosigkeit bemüht, öffnet Catharine die Tür und dann die Fensterläden. Die Sonne blendet sie. Louis ist mit einem Satz draußen und verschwunden. „Helene, was soll das? Was willst Du?" Catharine klingt verärgert. Doch Helene drängt sich an ihr vorbei ins Haus. „Hast Du von dem Saufgelage gestern Nacht nichts mitbekommen?", beginnt Helene. „Nein, ich habe geschlafen. Tief und fest. Bei der Aufregung auch kein Wunder oder?" Helene winkt ab. „Inzwischen weiß das ganze Dorf, was bei Dir los ist. Erst haben sie gestritten und dann Verbrüderung gefeiert. Sie stehen direkt vor Deiner Auffahrt." Catharine schleicht um ihr Haus und tatsächlich, das Wohnmobil von Max blockiert ihre Einfahrt. Schnell läuft sie ins Haus zurück. „Was hat das eigentlich mit Dir zu tun?", fällt Catharine da plötzlich ein. „Christian." Catharine schaut Helene verständnislos an. „Was hat Christian damit zu tun?" „Er hat sich mit ihnen solidarisiert und ist auch im Wohnmobil. Vereinigte Männer aller Länder vereinigt euch oder so." Catharine beginnt lauthals zu lachen. Tränen laufen über ihr Gesicht. „Ja und nun? Muss ich ein Sondereinsatzkommando rufen, um die Blockade aufheben zu lassen? Oder reicht die schnelle Eingreiftruppe?" Helene wird ärgerlich. „Da gibt es nichts zu lachen Catharine. Hör auf damit. Ich will meinen Christian wieder haben." „Dann hole ihn doch da raus. Oder haben die sich eingeschlossen?" Helene schüttelt den Kopf. „Die Tür ist offen, aber ich traue mich nicht." „Ruf das Sondereinsatzkommando", erwidert Catharine lakonisch. Louis ist inzwischen von seinem Morgenspaziergang zurück und Catharine stellt ihm sein Futter und frisches Wasser hin. „Catharine bitte. Du musst etwas tun." Catharine sieht sie verständnislos an. „Ich? Wie komme ich dazu. Von mir aus können die beiden heiraten und glücklich werden." „Catharine bitte", bettelt Helene noch einmal. „Dir fällt doch sonst immer etwas ein." Catharine sieht Helene mitleidig an. „Also schön. Ich gehe jetzt duschen und dann helfe ich Dir Deinen Christian zu befreien. Louis und Catharine von Orléans werden der Jungfrau von Orléans alle Ehre machen. Versprochen." „Hör auf Witze zu machen." Helene ist ärgerlich. Doch Catharine ist schon im Bad verschwunden. Sie stellt sich unter die Dusche und lauwarmes Wasser beginnt über ihren Körper zu laufen. Sie reibt ihre Haut mit Lavendelöl ein und atmet dabei den Geruch tief ein. Langsam entspannt sie sich. Plötzlich schießt ihr ein Gedanke durch den Kopf, der sie nicht mehr loslässt. Ein breites Grinsen macht sich in ihrem Gesicht breit. ‚Ja, genauso werde ich es machen', denkt sie. Schnell springt sie unter der Dusche hervor, wirft sich etwas Rosenwasser ins Gesicht und kämmt sich die Haare. Ein Pferdeschwanz ist schnell gemacht und schon steht sie wieder vor Helene. „Und?", fragend sieht diese sie an. „Wir befreien jetzt Deinen Christian", gibt Catharine zurück. Sie kocht Kaffee und gießt diesen in drei große Kaffeebecher. Die stellt sie auf ein Tablett. Milch und Zucker stellt sie dazu. Ebenfalls ein paar Croissants, das Huhn vom Vorabend und etwas Salat. „Folge mir, Du Rächerin der Enterbten", sagt sie dann zu Helene und geht in Richtung Tür. „Kannst Du nicht mal ernst sein?", gibt Helene zurück. „Öffnen, wenn du deinen Christian wiederhaben willst", erwidert Catharine in barschem Ton und weist auf die Tür. Helene öffnet gehorsam die Tür und sagt nichts mehr. Im Gänsemarsch gehen sie auf das Wohnmobil zu. Catharine führt die kleine Gruppe an, Helene folgt und das Schlusslicht ist der mit dem Schwanz wedelnde Louis. Im Wohnmobil rührt sich nichts. ‚Vielleicht hätte ich ein weißes Bettlaken schwenken sollen', schießt es Catharine durch den Kopf. ‚Nur so für den Fall, dass ich mit leeren Flaschen beworfen werde.' Doch es bleibt still. Nichts rührt sich. „Mach auf", wendet sich Catharine an Helene. „Bekommen wir da keinen Ärger", gibt Helene leise zurück. „Das ist doch nicht unser Wohnmobil." „Helene", herrscht Catharine sieh an und verdreht dabei die Augen, „aufmachen, sonst knallst im Karton." Helene zuckt zusammen, öffnet aber brav die Tür. „Auf Deine Verantwortung", murmelt sie dabei. Alkoholdunst schlägt den beiden entgegen. Angewidert wendet sich Catharine ab. ‚Den Mund- und Nasenschutz habe ich vergessen', denkt sie noch, bevor sie das Wohnmobil betritt. Helene verzieht ebenfalls das Gesicht. Sie bleibt vor dem Wohnmobil stehen. Übelkeit steigt in ihr auf. Louis hat sich an Catharine vorbeigedrängt und ist in das Wohnmobil gesprungen. Mit dem nächsten Satz ist er auf dem Bett, auf dem drei Männer schnarchend liegen. Christian, Sebastian und Max. Er beginnt, Sebastian abzuschlecken. Catharine steht wartend mit dem Tablett in der Hand da und beobachtet die Szene. ‚Männer, wie die kleinen Kinder', denkt sie dabei. Der Gestank im Wohnmobil ist unerträglich. Nur langsam kommt frische Luft durch die Tür herein. Catharine blickt sich suchend um. Da bemerkt sie, dass die Fenster offenbar geöffnet werden können. Sie stellt das Tablett auf dem Tisch ab. Dabei fegt sie mit einer Handbewegung die leeren Flaschen vom Tisch. Keiner der Herren rührt sich. ‚So eine Sauerei.' Mit einem lauten Knall öffnet sie das erste Fenster und dann alle Weiteren. Endlich kommt frische Luft herein und Catharine wagt etwas tiefer zu atmen. Da regt sich Sebastian, der durch Louis wach geworden ist. Er setzt sich auf. „Catharine?", wendet er sich mit stierem Blick an sie. „Ja Sebastian?" „Was machst Du hier?" „Wonach sieht es denn aus Suffke?" „Ich habe gar nicht so viel getrunken", verteidigt sich Sebastian. „Schau Dich um", erwidert Catharine und deutet auf den Innenteil des Wohnmobils, in dem die leeren Bierflaschen wild zerstreut liegen. Kleine Bierlachen drum herum. „Das waren dann wohl die beiden." Dabei deutet sie auf Christian und Max. Sebastian sagt nichts mehr. Auch Max und Christian sind inzwischen erwacht. „Schön", beginnt Catharine. „Nachdem nun alle ihre Äuglein geöffnet haben, hier meine Message an Euch. Auf dem Tisch steht etwas zu essen und Kaffee. Wenn Ihr nicht mehr stinkt und wieder klar denken könnt, erwarte ich, Euch Sebastian und Max, in meinem Haus. Ich habe Euch etwas zu sagen. Die Sauerei hier räumt Ihr allein auf. Ach ja und die Blockade meines Hauses ist demnächst beendet, sonst lasse ich Euch abschleppen." Dann wendet sie sich erhobenen Hauptes ab und geht aus der Tür. „Louis", ruft sie über die Schulter. Doch Louis folgt nicht. Er bleibt neben Sebastian sitzen. Catharine dreht sich um, stemmt ihre Fäuste in die Hüfte und beugt sich noch einmal vor, um in das Wohnmobil zu schauen. „Gut Louis, ich akzeptiere deine Solidaritätsbekundungen mit den Herren. Doch den Schinken esse ich dann allein." Sobald Louis das Wort

‚Schinken' hört, ist er mit einem Satz neben ihr. „Wusste ich doch, dass du bestechlich bist", wendet sie sich lächelnd an Louis. „Braver Hund." Sie tätschelt seinen Rücken. Im Vorbeigehen ruft sie Helene zu: „Er gehört Dir." Dann gehen beide ins Haus und Catharine schließt die Tür. Helene, die dem Treiben mit offenem Mund zugeschaut hat, betritt nun das Wohnmobil. Sie geht auf Christian zu, holt aus und haut ihm mit der flachen Hand eine runter. „Soûlard", zischt sie Christian an. Der hält sich seine Wange, die langsam knallrot wird. „Ich habe doch gar nichts getan", nuschelt er leise vor sich hin. „Nichts getan?" Helene kocht vor Zorn. „Ich habe mir Sorgen um Dich gemacht Du Trottel. Ist das hier nichts? Du hattest keinen Grund Dich vollaufen zu lassen. In einer Stunde bist Du daheim, sonst sind wir geschiedene Leute und Dein Kind wächst ohne Vater auf." „Wir haben keine Kinder", erwidert Christian trotzig. „In sieben Monaten schon", erwidert Helene. Ohne eine Antwort abzuwarten, dreht sie sich um und verlässt das Wohnmobil. Verständnislos und mit wirrem Blick schaut Christian in die Richtung, in die Helene verschwunden ist. „In sieben Monaten schon?", murmelt er leise fragend vor sich hin. Da schubst ihn Sebastian an. „Gratuliere, Papa Christian." „Papa?" Christian schaut ihn unsicher an, doch dann klickt es in seinem vernebelten Hirn. „He Leute, ich werde Vater." Er springt auf und wie ein kleines Kind hüpft er auf dem Bett herum. Sebastian zieht ihn wieder herunter. „Nimm bitte Rücksicht auf meinen Kopf. Schaukeln gefällt ihm im Moment gar nicht." Doch Christian ist nicht mehr zu bremsen. „Ich muss zu Helene. Ich werde Vater. In sieben Monaten schon, da muss ich mich doch vorbereiten. Ihr versteht das doch Leute?" Ohne eine Antwort abzuwarten, springt er auf und ist aus dem Wohnmobil verschwunden. Sebastian schaut Max an, der immer noch stumm, doch inzwischen aufrecht, neben ihm sitzt. „Da bleibt die Arbeit wohl an uns hängen." Mit einem schiefen Grinsen erhebt er sich. „Alles etwas außer Kontrolle geraten gestern", fügt er entschuldigend hinzu. Max antwortet noch immer nicht. „He, was ist los?" Sebastian gibt Max einen Schubs. „Du warst es also, der mich hierher gelockt hat", beginnt Max mit rauer Stimme. Langsam kommt die zu ihm Erinnerung zurück. „Ja, doch es war eine dumme Idee. Ich hätte es lassen sollen", erwidert Sebastian. „Du willst sie für Dich, aber sie will Dich nicht." „Wir sind befreundet. Ich will aber mehr von ihr." „Ihr hattet niemals Sex?" „Nein." Misstrauisch schaut Max Sebastian an. „Wirklich nicht?" „Nein. Catharine ist nicht so Eine. Die war Dir treu." In Max beginnt die Eifersucht hoch zu kriechen. Mühsam hält er sie unter Kontrolle. ‚Das kann ich glauben oder nicht. Aber der Typ scheint ehrlich zu sein.' „Warum wolltest Du noch mal, dass ich komme?" Sebastian wirkt genervt, als er antwortet. „Ich war der fixen Idee verfallen, dass sie, wenn sie Dich wiedersieht, erkennt, was für ein, entschuldige, Arschloch Du bist und Dich verlässt. Richtiger gesagt, verlassen hat sie Dich ja schon, aus ihrem Herzen verbannt." „Und in Deine Arme rennt? Das hast du Dir ja fein ausgedacht." Sebastian zuckt mit den Schultern. „Hat aber nicht geklappt. Sie hält Dich jetzt auch für ein Arschloch. Wer von uns beiden ist nun das größere Arschloch?" Max grinst bei diesen Worten und am liebsten würde Sebastian ihm eine verpassen. Doch so unrecht hat Max leider nicht. ‚Was sie uns wohl sagen will?' Laut sagt er dann: „Wir sollten aufräumen und das Wohnmobil wegfahren, bevor Catharine explodiert. So wie ich sie kenne, holt sie tatsächlich den Abschleppwagen." „Erst einmal wird gefrühstückt, wenn Madame schon so freundlich ist", gibt Max immer noch grinsend zurück. Die beiden setzen sich und wortlos verspeisen sie, was Catharine gebracht hat.

Catharine hat inzwischen mit Louis die Morgenrunde nachgeholt. Die beiden waren am See und haben ein ausgiebiges Bad genommen. Jetzt liegt Louis auf der Terrasse und lässt sich die Sonne auf den Pelz brennen. Er scheint zu träumen, denn ab und zu zucken seine Beine im Schlaf. Catharine schaut ihm eine Weile amüsiert zu. Da hört sie es knallen. ‚Was für ein ohrenbetäubender Lärm ist das?' Rasch geht sie um das Haus und sieht wie Sebastian und Max leere

Bierflaschen in ihre Mülltonne werfen. „He Freunde", schreit sie die beiden an, „nicht in meine Tonne. Auf dem Dorfplatz stehen extra Behälter für Glas. Den Weg bis dahin werdet Ihr wohl schaffen." Sie will sich gerade umdrehen und gehen, als Sebastian erwidert: „Catharine bitte das muss doch nicht jeder mitbekommen." Belustigt dreht sich Catharine um. „Das hat schon jeder mitbekommen Sebastian oder glaubst Du meine Nachbarn sind taub. Nicht in meine Tonne. Mein letztes Wort." „Dann gib mir bitte eine von Deinen Segeltuchtaschen, damit wir die leeren Flaschen transportieren können." „In meinem Auto. Der Wagen ist offen", gibt Catharine zurück. Dann verschwindet sie im Haus. Louis hat sich nicht von dem Lärm beeindrucken lassen und schläft ruhig weiter. Catharine beginnt, im Haus Ordnung zu schaffen. Anschließend macht sie sich eine französische Gemüsesuppe warm und setzt sich dann in den Garten. Von Sebastian und Max sieht und hört sie nichts mehr. Am späten Nachmittag nimmt sie Louis an die Leine und verlässt ihr Grundstück über den hinteren Ausgang. Der Abendspaziergang fällt etwas länger als sonst aus, denn Catharine muss darüber nachdenken, ob sie auch das Richtige tun will. Sie ist es gewohnt, ihre Entscheidungen zu hinterfragen. Doch es fühlt sich für sie richtig an. Zurück nimmt sie den Weg über die Dorfstraße. Helene winkt ihr über den Zaun kurz zu. Schon ist Catharine wieder zu Hause. Ihre Einfahrt ist wieder frei und das Wohnmobil steht neben ihrem Auto. Von den beiden Männern ist niemand zu sehen. Sie umrundet ihr Haus, um auf die Terrasse zu gelangen. Da beginnt Louis plötzlich, zu bellen. Catharine macht die Leine ab und lässt ihn laufen. Schnell folgt Catharine ihm nach. ‚Einbrecher?' Doch auf der Terrasse sitzen Max und Sebastian. Ihr Tablett steht zwischen ihnen auf dem Tisch. Als Sebastian Catharine erblickt springt er auf. Louis umrundet die beiden schwanzwedelnd. „Catharine, entschuldige", beginnt er leicht stotternd. „Du warst nicht da und ich dachte Du hast sicher nichts dagegen einzuwenden. Ist doch gemütlicher als im Wohnmobil." Max schaut sie nur an. „Hör auf zu stottern Sebastian. Wenn Ihr denn nun schon mal da seid, kann ich Euch ja meinen Entschluss auch gleich mitteilen. Max", wendet sie sich ihm zu, „ich habe keine Ahnung, was Dich geritten hat hierher zu kommen. Aber da Du nun einmal da bist, ist es wohl an der Zeit unsere gemeinsame Geschichte zu Ende zu schreiben." Max sieht sie nur unverwandt an, sagt aber nichts. „Sebastian", dabei wendet sie sich Sebastian zu, „nicht, dass ich Dir dankbar bin, für das was Du getan hast, doch in einem hast Du recht. Man kann den ungelösten Problemen der Vergangenheit nicht entfliehen. Sie holen einen immer wieder ein. Doch eines wird nie passieren. Ich werde nie Deine Frau werden. Ich mag keine Lügner und schon gar nicht mag ich es hintergangen zu werden. Obwohl ich dachte, dass ich keine falschen Signale ausgesendet habe, scheint es doch so zu sein. Das tut mir leid. Ich schätze Dich als Freund, aber auch nur als Freund. Du wusstest, dass da ein anderer Mann ist, mit dem ich nie abschließen konnte. Dein Plan war töricht und spricht nicht gerade für Deine Reife, die Du als erwachsener Mann haben solltest. Als guter Freund der Du immer warst, kannst Du, wenn Du es willst, in meinem Leben bleiben. Ein Teil meines Vertrauens zu Dir ist jedoch verloren gegangen. Aber ich bin immer noch bereit in unsere Freundschaft zu investieren." Sebastian will ihr antworten. Doch Catharine hebt die Hand zum Zeichen, dass er schweigen soll. Sebastian bleibt stumm. „Nun zu Dir Max." Sie wendet sich ihm zu. „Vor langer Zeit habe ich Dir einmal eine SMS geschrieben mit der Frage, ob Du mit mir durchbrennen willst. Du hast mit ‚JA' geantwortet. Der Wunsch wird Dir erfüllt. Ich brenne mit Dir durch. Du hast mir mal gesagt, dass Du Frankreich gern einmal mit meinen Augen sehen würdest. Auch dieser Wunsch wird Dir erfüllt. Du wirst Frankreich mit meinen Augen sehen. Ein dritter Wunsch war, dass Du neben mir in meinem Auto sitzen möchtest. Er sei Dir gewährt. Du siehst also, heute ist Dein Glückstag, und die gute Fee erfüllt Dir gleich drei Wünsche mit einem Mal. Wir werden vier Wochen lang, mit meinem Auto, gemeinsam Frankreich erkunden. Diese eine Chance gebe ich Dir noch, besser gesagt, ich gebe sie mir. Du hast

Bedenkzeit bis morgen früh um sieben Uhr. Dann sitze ich in meinem Auto und fahre los. Mit oder ohne Dich. Habe ich mich klar genug ausgedrückt?" Ohne die Reaktion von Max abzuwarten, wendet sie sich an Sebastian. „Du Sebastian wirst Dich derweil um Louis kümmern." Sebastian nickt. „Was ist nach den vier Wochen?", hört sie Max fragen. „Das wirst Du erfahren, wenn es soweit ist. Du bist in Frankreich. Hier hat es niemand eilig." „Du spinnst ja", erwidert Max erbost. Catharine überhört es geflissentlich. Sie ruft nach Louis und legt ihn an die Leine. Dann kniet sie sich nieder, krault ihm sein Fell und sagt zu ihm: „Vier Wochen darfst du ihn jetzt nerven, aber ich komme wieder." Kurz drückt sie Louis noch einmal an sich. Dann erhebt sie sich. „Geh bitte Sebastian. In vier Wochen bin ich wieder da. Kümmere Dich um mein Haus." „Gut Catharine. Wie Du willst. Gute Reise." Dann geht Sebastian, mit gesenktem Kopf, um das Haus herum zu seinem Auto. So hatte er das nicht gewollt. „Hast Du etwas Essen für mich? Ich habe Hunger." Catharine sieht Max leicht amüsiert an. „Nein, aber im Dorf, direkt am Dorfplatz, wo Du ja heute schon einmal warst, ist eine Bar. Dort bekommst Du auch etwas zu essen." „Ich kann kein Französisch." „Versuche es, mit tippen auf die Speisekarte. Wenn Du Glück hast reden sie auf Englisch mit Dir." Max erhebt sich widerstrebend und im Abwenden sagt er zu Catharine: „Morgen früh um sieben also?" „Ja, Deine letzte

Chance." „Und wenn ich nicht komme?" „Dann hast Du Deine letzte Chance verspielt. Noch eine bekommst Du nicht." Dann wendet sie sich abrupt ab und geht ins Haus.

Catharine fällt in dieser Nacht in einen unruhigen Schlaf. Doch am anderen Morgen ist sie bereits um fünf Uhr wach. Sie steht auf, duscht, packt ein paar Sachen zusammen und frühstückt. Schließlich setzt sie sich auf die Terrasse, um den Sonnenaufgang zu beobachten. ‚War es wirklich die richtige Entscheidung? Vier Wochen mit Max in Frankreich können auch lang sein. Hoffentlich geht das gut?' Sie ist ein wenig nervös. Doch der Zeiger ihrer Uhr rückt unerbittlich vor. Schon ist es fünf vor sieben. Rasch erhebt sie sich, nimmt den kleinen Koffer, verschließt die Terrassentür und geht zum Auto. Max ist nicht da. ‚Gut, dann fahre ich eben allein', denkt sie. Der Koffer ist schnell verstaut und so sitzt sie pünktlich um sieben Uhr in ihrem Auto. Als sie den Wagen startet, wird die Beifahrertür aufgerissen. Es ist Max. Wortlos schmeißt er seine Tasche auf den Rücksitz und setzt sich dann neben sie. „Guten Morgen", begrüßt ihn Catharine. „Gut geschlafen?" Sie erhält keine Antwort. Catharine packt der Schalk. „Lieber Fahrgast in der ersten Reihe ich begrüße Sie an Bord meines PKW und wünsche Ihnen eine angenehme Fahrt durch die Provence. Ich bitte Sie, sich jetzt anzuschnallen. Dankeschön." Gehorsam, aber wortlos schnallt sich Max an. Catharine glaubt, ein leichtes Lächeln gesehen zu haben. Sie fährt los. Da Max offenbar nicht mit ihr redet, schaltet sie das Radio an. Französische Chansons erfüllen den PKW mit ein wenig Leben. Niemand redet. Catharine summt die Chansons, die sie kennt, mit. „Wohin fahren wir?", fragt Max Catharine, nachdem sie bereits eine Stunde gefahren sind. „Keine Ahnung", erwidert Catharine. „Wir werden anhalten, wo es uns gefällt und tun, was uns gefällt. Vor allem aber wirst Du das französische Leben kennenlernen." „Das wie aussieht?" „Du wirst das Leben genießen, es wird kein ‚sofort' mehr in Deinem Wortschatz geben, Du sagst ‚Ja' zum Leben, Du wirst mit den Franzosen auf Tuchfühlung gehen, Du wirst die französische Eleganz kennenlernen, Du wirst die französische Küche genießen können usw. usw…. Savoir-vivre eben. Lass Dich überraschen." Catharine lächelt still vor sich hin. „Vielleicht steckt ja in Dir sogar ein kleiner Franzose. So a la Napoleon Bonaparte vielleicht?" „Ich bin kein Franzose." „Ich weiß, doch ein wenig mehr Gelassenheit, Toleranz und Lässigkeit würden Dir ganz gut stehen. Den Freiheitsdrang hast Du ja bereits in Dir. Allerdings gestehen die Franzosen die Freiheiten die sie für sich selbst einfordern und in Anspruch nehmen auch allen anderen zu. Nennt sich übrigens laisser faire." „Aha." Es folgt wieder Schweigen. „Ach ja und solltest Du am Wegesrand ein Liebespärchen sehen, schau bitte dezent zur Seite ja.

Du musst da nicht mitmachen." „Das konntest du Dir jetzt wohl nicht verkneifen", erwidert Max mit verbissener Miene. „Nein, doch ich meine das ernst." „Du willst mir allen Ernstes erzählen, dass es passieren kann, dass ich hier über ein Pärchen stolpere, welches sich in aller Öffentlichkeit liebt?" „Das liegt im Bereich des Möglichen." Stille im Auto. Catharine ist in den Luberon gefahren. „Hier gibt es Campingplätze", hört sie da plötzlich Max neben sich sagen. Angestrengt schaut er aus dem Fenster. „Wo sind wir?" „Im Luberon mysterieux. Es gibt hier Dörfer, die in Waldwinkeln verborgen sind, manche Straßen werden in den tiefen und dunklen Wäldern plötzlich zu einem schmalen Forstweg und einige Dörfer sind früher als Schlupfwinkel angelegt worden. Die Provence in der Provence. Das Herzstück also. Wenn du den Luberon wirklich kennenlernen willst, brauchst Du viel Zeit. Ich würde sagen, Jahre. Es gibt viele alte Dorfschenken, Mühlen, Bauernhäuser und Landschlösser. Schau Dich um. Der Luberon hat es in sich. Er ist weder von Touristen überfüllt noch kommerziell ausgerichtet. Die Region hat sich ihre Authentizität bewahrt. Blauer Himmel, Licht und Stein – die ewige, zeitlose Provence. Lavendel inklusive. Sieht ein bisschen aus wie die Toskana oder?" Max nickt. Catharine hält vor einem herrschaftlichen Anwesen. „Unser Hotel", wendet sich Catharine an Max. „Was? Das ist unser Hotel? Viel zu teuer?" „Du kannst ja im Auto schlafen. Ich schlafe in einem Bett." Mit diesen Worten steigt Catharine aus dem Auto. Sie geht auf das Gebäude zu. Widerwillig folgt ihr Max. „Wer soll das denn bezahlen?", knurrt er. „Ich mein Zimmer und Du Dein Zimmer", gibt Catharine zurück. „Einzelzimmer?" „Natürlich oder glaubst Du ich schlafe mit Dir in einem Bett?" „Wäre billiger." Catharine dreht sich kurz um und zeigt Max den erhobenen Mittelfinger. Max schaut sich um. Ihm gefällt, was er sieht. Um das Haus herum ist ein riesiger Park. Es gibt Schattenplätze zum Ausruhen und einen riesigen Swimmingpool. Die Bar ist überdacht. Alles ist sehr elegant und gediegen. Das Hotel ist im typisch provencialischen Stil gebaut. Catharine redet bereits mit dem Rezeptionisten. Dann schiebt sie Max das Anmeldeformular zu. „In Englisch und französisch abgefasst. Das schaffst Du allein." Der Rezeptionist gibt den beiden ihre Schlüssel. „Und die Tasche und Dein Koffer?", fragt Max. „Sind bereits auf den Zimmern." „Aha." Max folgt Catharine die Treppe hinauf. Auf dem Treppenabsatz deutet Catharine nach links. „Dort lang ist Dein Zimmer." Max schaut verständnislos. „Meines ist rechts lang", ergänzt Catharine. „Nicht einmal nebeneinander?" „Damit Du nicht auf dumme Gedanken kommst. Abendessen gibt es um zwanzig Uhr im Restaurant. Bitte sei pünktlich, ich habe reserviert. Was man hier zum Abendessen trägt, weißt Du?" „Ich soll den ganzen Nachmittag allein verbringen?", poltert Max los. „Was soll ich denn hier machen?" „Deine Freiheit genießen und Dir etwas für den Abend kaufen vielleicht. Du kannst auch schwimmen gehen oder im Park sitzen und ein Glas Rotwein trinken. Tu, was Dir beliebt. Doch Du tust es allein. Zum Abendessen trägt man übrigens elegant leger oder elegant sportlich." „Wie jetzt. Warum kann ich nicht so gehen?" „Weil Du Dich den Landessitten anzupassen hast. Jeans und Shirt gehen gar nicht." „Na toll. Ich kann kein Französisch und es gibt nichts, wo ich einkaufen könnte. Wie soll das gehen?" „Unten im Ort ist sicher eine kleine Boutique. Das sollte reichen. Hände und Füße zum Zeigen hast Du, also was soll schiefgehen?" „Geh mit", bittet Max. „Nein, ich habe etwas anderes vor. Noch ein paar Tipps zu den Landessitten. Franzosen sind Genussmenschen. Du solltest Dich also etwas anstrengen, um nicht negativ aufzufallen, auch wenn Du darin Übung hast. Ordentliche Kleidung ist ein Muss. Auch ein ordentliches Verhalten ist zwingend. Du kommst gut weiter, wenn Du immer höflich bleibst. Das wird Dir ein wenig schwerfallen, aber mit ein bisschen gutem Willen ist es möglich. Benutze häufig Redewendungen wie Pardon (Verzeihung), Excusez-Moi (Entschuldigung), S'il Vous Plait (Bitte) oder Merci (Danke), dann hast Du es leichter. Im Gespräch hat sich der Konjunktiv bewährt. Vermeide politische Themen und auch das Thema 2. Weltkrieg. Außerdem möchte der Franzose nicht gerne nach seinem Privatleben gefragt werden. Die

Privatsphäre ist hier heilig. Auch jedwede Kritik am Land sollte besser unterbleiben. Alles klar?" „Sonst noch Wünsche?", bemerkt Max spitz. „Nein das wäre alles. Bis heute Abend." Catharine dreht sich um und lässt Max einfach stehen. Sie hat für den Nachmittag etwas anderes geplant. Ausruhen, schwimmen und dann wieder ausruhen. Schließlich hat sie die passende Kleidung dabei. Und so steht sie pünktlich um zwanzig Uhr am Eingang des Restaurants. Sie trägt ein burgunderrotes schulterfreies Kleid, welches ihr Dekolleté gut zur Geltung bringt und auch das Rückenteil des Kleides lässt tiefe Einblicke zu. Es verhüllt sie und lässt doch alles erahnen. Ihre langen blonden Haare sind hochgesteckt und sie trägt nur ein dezentes Make-up. Sie genießt die Blicke der bereits anwesenden Männer und schmunzelt über die festhaltenden Hände der Frauen. Da biegt Max um die Ecke. Catharine wirkt etwas verblüfft. Tatsächlich hat er es geschafft, sich entsprechend zu kleiden. Er trägt eine dunkelblaue Stoffhose mit passendem, langärmeligem Hemd in zarten hellblau und ein graues Sakko. Dazu einen unauffälligen Gürtel und Sneakers. „Du siehst ja richtig gut aus", begrüßt Catharine ihn. Dabei betrachtet sie ihn von Kopf bis Fuß. „Das hättest Du wohl nicht gedacht, dass ich das hinbekomme?" „Ich hatte so meine Zweifel. Aber ich gratuliere Dir. Absolut perfekt." Unauffällig winkt Catharine dem Kellner. „Sexy Kleid", flüstert ihr da

Max ins Ohr. „Danke", gibt Catharine etwas schnippisch zurück. Doch die Gänsehaut kann sie trotzdem nicht verhindern. Eine Erinnerung steigt in ihr hoch. Der Moment, als sie sich in Max verliebte. Schnell schüttelt sie sie wieder ab. Der Kellner bringt die beiden an ihren Tisch. Sie sitzen auf der Terrasse mit dem Blick auf den Park, der schon erleuchtet ist. Romantische Stimmung. Der Kellner fragt Max, welchen Aperitif er bestellen möchte. Der versteht zwar nur das Wort Aperitif, begreift aber was der Kellner will. „Möchten wir einen Aperitif Catharine?" „Der Aperitif ist hier Pflicht Max." Dann wendet sie sich an den Kellner und fragt ihn, was er anbieten kann. Der zählt auf. Als Max „Kir Royal" hört, ruft er laut: „Den nehmen wir, den kenne ich nämlich." Catharine bestellt also zwei Kir Royal. Dann wendet sie sich Max zu. „Max bitte ein wenig leiser. Mich würde allerdings interessieren mit wem Du Kir Royal getrunken hast. Mit mir jedenfalls nicht." „Nicht mit Dir? Ich dachte schon. Wahrscheinlich kannst Du Dich nur nicht erinnern." „Schon gut", Catharine winkt ab, „nicht so wichtig." Da kommt auch schon der Kellner mit den beiden Kir Royal und den Speisekarten. Catharine vertieft sich in ihre Speisekarte. Max schaut etwas hilflos drein und schaut dann zu Catharine. Die hebt gerade den Kopf und fragt Max: „Fisch oder Fleisch?" „Fisch bitte." „Nachspeise?" „Oh ja bitte." „Wer zahlt? Getrennt zahlen geht hier nicht." „Du!" „Das denkst Du, der heutige Abend geht auf Dein Zimmer. Keine Diskussion." Max spielt den Beleidigten. Catharine winkt nach dem Kellner. Dann bestellt sie zweimal Loup de mer in der Salzkruste, dazu Salat, etwas Baguette und Château Chrismar aus dem Bordeaux. „Was hast Du bestellt?" „Wolfsbarsch und Salat." „Was trinken wir?" „Einen Bordeaux." „Keine Vorspeise? Das wird doch sicherlich ein übersichtliches Essen auf dem Teller?" Catharine bemüht sich, sich das Lachen zu verkneifen. Doch es fällt ihr schwer, sich unter Kontrolle zu halten. Jetzt ist Max erbost. „Stimmt doch", zischt er ihr zu, „in so feinen Lokalen ist das Essen doch kaum auf dem Teller zu sehen. Wahrscheinlich gehe ich heute hungrig schlafen. Der Preis ist dann so groß wie der Teller, einfach riesig." Da kommt auch schon dienstbeflissen der Kellner und stellt die Vorspeise für die beiden auf den Tisch. Dabei sagt er etwas auf Französisch. „Was hat er gesagt?" „Ein Gruß aus der Küche, Deine Vorspeise", erwidert Catharine die immer noch kichert. „Aha. Die ist aber klein, die Vorspeise. Wenn das so weiter geht, werde ich nie satt." Dabei hält Max seine Vorspeise in die Höhe. Es ist ein kleines Glas, nicht größer als ein Schnapsglas, gefüllt mit einer Creme. „Na wenigstens schmeckt es", kommt da von Max, der sein Glas gerade leergelöffelt hat. Der Kellner bringt den Wein und Max probiert ihn. „Der ist gut", ruft er dann erstaunt aus. Er bedeutet dem Kellner, einzuschenken. „Der muss auch gut sein. Er kommt aus dem Bordeaux, also teuer. Ein Cuvée aus Sauvignon blanc, Sémillon und Muscadelle ist ungemein klar, mit komplexer, feinaromatischer Nase, präzisem Mundgefühl und langem Nachhall." „Wusste ich es doch, teuer. Bist Du jetzt unter die Weinkenner gegangen?" „Nein Max, es stand so in der Karte, aber ein wenig kenne ich mich auch aus." „Aha." Der Kellner eilt herbei und bringt die Hauptspeise, den Salat und das Baguette. Die Portion ist nicht gerade übersichtlich. „Zufrieden?", wendet sich Catharine an Max. Der nickt nur, denn er hat sich schon auf das Essen gestürzt. „Bist Du so hungrig? Hast Du heute noch nichts gegessen?" Catharine schüttelt verständnislos den Kopf. „Ich habe Hunger", erwidert Max giftig. „Es gab ja noch nichts heute." „Ich habe mir etwas auf das Zimmer kommen lassen", erwidert Catharine. „Madame kann ja auch Französisch." „Monsieur hätten ja in den Supermarkt gehen können", kontert Catharine. Dann hebt Catharine ihr Glas. „Santé." „Zum Wohl", schmettert ihr Max grinsend entgegen. Catharine nippt an ihrem Glas. Dann beginnt auch sie, zu essen. Max ist als Erster fertig. Ungeduldig rutscht er auf dem Stuhl hin und her. „Gibt es noch eine Nachspeise?" „Ja, aber die muss ich erst bestellen. Ich bin aber noch nicht fertig mit dem Essen." „Du brauchst aber lange", nörgelt Max. „Hör auf zu quengeln. In Frankreich hat man Zeit. Ein Essen darf dauern. Sogar stundenlang." „Na toll, dann warte ich eben." Catharine erwidert: „Max, bitte, Du machst mich nervös. Lass mich in Ruhe zu Ende essen. Ja?" Max nickt und beobachtet gelangweilt die Leute im Restaurant. Schließlich ist auch Catharine fertig mit dem Essen. Sie winkt dem Kellner und bestellt zwei Aprikosen-Lavendel Kuchen mit Vanilleeis und Kirschsauce. Dazu zwei doppelte Espresso. „Keine Crème brûlée?", fragt Max sie. „Die kannst Du überall haben", gibt Catharine zurück. „Wie lange bleiben wir hier eigentlich?" „Ein paar Tage, vielleicht eine Woche." „Was machen wir morgen?" „Wir fahren in den Naturschutzpark, werden etwas wandern, ein Picknick machen und die Seele baumeln lassen." „Und den Rest des Tages?" „Das machen wir den ganzen Tag Max." Erstaunt sieht Max sie an. „Aha." Da kommt der Nachtisch. „Sieht lecker aus." „Und schmeckt noch besser." Schließlich sind beide fertig mit dem Essen. „Hat es geschmeckt Max?" „Ja." „Bist Du satt geworden?" Max nickt und fragt: „Was machen wir heute Abend noch? Gehen wir an die Bar?" Catharine schaut auf die Uhr. „Es ist zweiundzwanzig Uhr dreißig Max. Die Reiseführerin hat jetzt Feierabend. Frühstück gibt es morgen früh um acht Uhr dreißig. Ich gehe jetzt schlafen." Max sieht enttäuscht aus. „Allein gehe ich auch nicht. Dann gehe ich auch schlafen", gibt er mit einem beleidigten Tonfall zurück. Er winkt dem Kellner. Catharine verlangt die Rechnung. Als der Kellner sie bringt, lässt sie die Rechnung auf das

Zimmer von Max schreiben. Der zieht nur kurz die Augenbraue hoch, als er den Betrag sieht, sagt aber ansonsten keinen Ton. Gemeinsam verlassen sie das Restaurant. Er begleitet sie noch bis zu ihrer Tür. Catharine schließt ihre Tür auf und sagt dann, sich zu Max umdrehend: „Schlaf gut Max. Bis morgen früh." Max will ihr einen Kuss geben, doch Catharine weicht ihm aus und so landet er auf ihrer Wange. Max zuckt mit den Schultern, dann dreht er sich um und geht. Am nächsten Morgen sitzt Max schon beim Frühstück, als Catharine hereinkommt. Er winkt ihr zu. „Guten Morgen Max, schon so früh auf den Beinen?" „Ja, aber Du bist zu spät." Dabei tippt er mit dem Zeigefinger auf seine Uhr. „Ich bin schon seit sechs Uhr auf den Beinen und war schon schwimmen. Die Vorbereitungen für unseren heutigen Tag sind auch schon erledigt." Suchend schaut sie sich um. Der Kellner eilt herbei und fragt sie nach ihren Wünschen. Sie bestellt einen Café Americano mit einer Extraportion Milch. Der Kellner nickt und verschwindet. „Das Frühstück ist hier nicht gerade üppig", wendet sich Max an Catharine. Er deutet dabei auf das Büfett. „Ich weiß. Das ist normal. Hier wird am Abend und zu Mittag mehr und warm gegessen." Dann geht sie zum Büffet und holt sich ein Croissants, zwei kleine Brötchen (petits pains), etwas Käse, zwei kleine Crêpes mit etwas Konfitüre und einen frisch gepressten Orangensaft (jus d'orange). Als sie an den Tisch zurückkommt, steht ihr Kaffee schon da. Sie setzt sich und beginnt zu essen. „Wann fahren wir los?" Catharine schaut auf die Uhr. „Gegen 10.00 Uhr denke ich. Pack die Badehose ein." „Kann ich nicht nackt baden Catharine?" Catharine schaut ihn begutachtend an. „Wie du meinst, doch folgendes solltest du Bedenken. Grundsätzlich ist hier Nacktbaden nicht überall erlaubt. Es gibt auch Badeseen, an denen ein ausdrückliches FKK-Verbot/Oben-Ohne Verbot besteht. Grundsätzlich haben Franzosen aber kein Problem mit Nacktheit. Aber der Franzose ist auch hier Genussmensch. Er erwartet, dass der, der sich entblößt, sich das auch leisten kann. Das heißt im Klartext: wer einen wohlgeformten Körper besitzt, der darf sich gerne nackt zeigen - alle anderen nicht. Da erwartet man dann doch etwas Zurückhaltung. Die Entscheidung liegt bei dir." „Badehose", gibt Max kurz zurück. Er beobachtet Catharine beim Essen. Doch die lässt sich nicht stören. Sie liebt den ruhigen Morgen ohne Hektik und Eile. Deshalb wird das Frühstück auch entsprechend zelebriert. „Bist Du fertig für unseren heutigen Ausflug?", fragt ihn Catharine. „Ich brauch ja nicht viel. Badehose und Handtuch habe ich." Catharine nickt. „Für die Verpflegung habe ich gesorgt. Ich muss mich nachher nur noch kurz umziehen." „Warum gehst Du nicht so? Ist doch ein hübsches Kleid?" „Wir gehen wandern Max. Da trägt man nicht unbedingt ein Kleid." Als sie fertig ist, erhebt sie sich und geht zur Tür. Max trabt hinterher. „In fünfzehn Minuten am Auto", ruft Catharine ihm noch zu, bevor sie in ihrem Zimmer verschwindet. Dort steht schon eine Kühlbox, mit der Verpflegung und ein Korb mit Picknickutensilien. Catharine nickt zufrieden. Die Wanderschuhe sind bereits im Auto. Schnell tauscht sie das Kleid gegen eine dreiviertellange Hose und ein Shirt, wirft sich ihren Rucksack über die Schulter und setzt die Sonnenbrille auf. Den Sonnenhut nimmt sie in die Hand. Dann verlässt sie das Zimmer. Max wartet bereits am Auto. Kühlbox und Korb verschwinden im Kofferraum. Max schmeißt seine Sachen dazu. „Wohin geht es?", will er von Catharine wissen. „Wir fahren zum Etang de la Bonde." „Wohin fahren wir?" „Das ist ein Badesee. Schön gelegen in waldreicher Umgebung. Sogar ganzjährig geöffnet und für Wohnmobile geeignet." Dabei zwinkert sie ihm zu. "Ist nicht mein Wohnmobil. Ist nur geborgt", gibt Max zurück. Catharine setzt sich an das Steuer. Max nimmt neben ihr Platz. „Hast Du eigentlich feste Schuhe an Max?" „Turnschuhe", gibt der zurück. „Es gibt im gesamten Luberon Schlangen. Trete also mit den Schuhen fest und laut auf. Wir machen nämlich eine Wanderung rund um den Etang de la Bonde." „Ok", gibt Max etwas zögerlich zurück. „Keine Angst Max, es gibt in Frankreich doch tatsächlich Krankenhäuser. Sollte Dich eine erwischen, wirst Du es überleben." Dabei grinst sie schelmisch. Max schaut sie böse an. Nach einer Stunde Fahrt sind sie bereits angekommen. Catharine steigt aus. „Du kannst alles im Auto lassen. Wir machen eine Rundwanderung und werden wieder hierher zurückkommen. Wasser habe ich im Rucksack." Schnell zieht sie die Sandalen aus und die Wanderschuhe an. Dann winkt sie Max, ihr zu folgen. „Wie weit laufen wir?", will der wissen. „Etwa neun Kilometer, also ca. drei Stunden." Sie sieht nicht, wie Max die Augen verdreht. „Riechst Du den Thymian und den Lavendel?", will Catharine wissen. „Weiß nicht", gibt Max unlustig zurück. Catharine zeigt auf das vor ihnen liegende Weingut. „Das ist das Château de la Bonde. Es stammt aus dem 19. Jahrhundert. Im 15. Jahrhundert besaß Fouquet d'Agoult, Baron von La Tour-d'Aigues, viel Land in der Gegend und plante, für dessen Bewässerung einen Teich anzulegen. Der Teich wurde von einem Kanal gespeist, den der Baron extra zu diesem Zweck bauen ließ und den auch die Dorfbewohner für die Bewässerung ihres Landes nutzen durften. Das ist der heutige Etang de la Bonde. Sehr sauber übrigens." Catharine dreht sich zu Max um und sieht sein gelangweiltes Gesicht. „Ok, ich höre schon auf. Genieße einfach die Landschaft. Aleppo-Kiefern, Erdbeerbäume, Rosmarinsträucher und Grüneichen. Daneben gibt es Ocker- und Kreidefelsen zu sehen." Lustlos trabt Max hinter ihr her. Catharine lässt sich davon nicht beeindrucken. Sie genießt die Landschaft und atmet die wechselnden Düfte intensiv ein. Schließlich sind sie nach vier Stunden wieder am Auto angelangt. Catharine zieht ihre Wanderschuhe aus und holt die Kühlbox und den Picknickkorb aus dem Auto. „Suchen wir uns einen schattigen Platz", wendet sie sich an Max. Dann geht sie in Richtung See. Max folgt ihr. Im April ist es noch relativ kühl und der See daher wenig bevölkert. So finden die beiden schnell ein Plätzchen etwas abseits unter einer Kiefer. Catharine breitet die Picknickdecke aus. Dann setzt sie sich. „Hast Du Hunger?" Max nickt stumm. „Was kostet hier ein Stellplatz für ein Wohnmobil?" „Ich glaube, ich habe vorhin etwas von achtzehn Euro am Tag gelesen", gibt Catharine zurück. Sie breitet ein Geschirrtuch auf der Picknickdecke aus und beginnt die Kühlbox auszupacken. Sie hat Käse einpacken lassen, schwarze Oliven, Saucisson, Weintrauben, Tomaten und sogar Crème brûlée. Dazu gibt es Baguette, Wasser und Traubensaft. Schließlich zaubert Catharine noch eine Thermosflasche mit Kaffee aus dem Picknickkorb und Madeleines. Max nickt anerkennend. „Verhungern werden wir nicht." „Greif zu. Dann können wir schwimmen gehen. Das Wasser wird noch etwas kalt sein, aber es wird gehen, denke ich." Das lässt sich Max nicht zweimal sagen und langt tüchtig zu. Catharine hat inzwischen auch Hunger bekommen. Am Ende packt sie die Reste wieder ein. Max steht bereits am Rande des See's und hält seinen Zeh hinein. „Kalt." Doch dann nimmt er Anlauf und rennt in den See. „Komm", ruft er Catharine zu. Doch die schüttelt den Kopf. „Ich warte noch." „Wie Du willst." Sie lässt sich auf die Decke zurückfallen und beobachtet die Wolken am Himmel. ‚Wie soll das mit uns weitergehen? Will ich ihn überhaupt noch? So viele Jahre sind vergangen. Er hat sich verändert. Ich mich auch. Er ist mir fremd und doch gleichzeitig vertraut. Fühlt sich irgendwie komisch an.' Auf diese sich immer mehr aufdrängenden Fragen hat sie bislang keine Antwort finden können. ‚Vielleicht geht es einfach nur darum sich zu öffnen, auch wenn Angst und Verletzungen da sind.' „Catharine?" Max steht neben ihr und trocknet sich ab. Sie bekommt kleine Wasserspritzer ab und setzt sich auf. „Woran denkst Du?" Catharine schaut ihm ins Gesicht. „Ich habe über uns nachgedacht." „Über uns? Du hasst mich oder?" Max Stimme klingt unsicher. „Wenn ich Dich hassen würde Max, wären wir beide jetzt nicht hier oder glaubst Du tatsächlich ich reise mit einem Mann quer durch Frankreich, den ich abgrundtief hasse?" Max schüttelt den Kopf. „Nein, aber ich habe mich schon gewundert, als Du diese Reise vorgeschlagen hast." „Ich habe Dir schon lange verziehen. Du bist so wie Du bist oder warst so wie Du warst. Was allerdings nicht gleichbedeutend ist mit, wir knüpfen da wieder an, wo wir aufgehört haben. Noch einmal möchte ich das nicht erleben. Wir hatten damals beide unsere „Hausaufgaben" nicht gemacht und deshalb war es für uns offenbar unmöglich uns authentisch und auf Augenhöhe zu begegnen. Das ist mir damals nicht bewusst gewesen." „Das glaube ich Dir." Max malt

Kreise in den Sand. „Ich habe immer auf Freiwilligkeit gesetzt Max", beginnt Catharine leise. „Ich mag selbst keinen Zwang und zwinge deshalb auch niemand anderen zu etwas. Und schon gar nicht mit mir zusammen zu sein. Die lange Leine, die ich Dir gab, fordere ich für mich auch ein. Jeder hat sein Leben, aber ich hätte auch gern ein gemeinsames mit Dir gehabt. Wir müssen wohl den Mut aufbringen uns mehr und mehr zu zeigen, wie wir tatsächlich sind. Und nicht so wie wir glauben sein zu müssen, damit man uns liebt. Ich wollte immer Dein gesamtes Potential mit all Deinen Ängsten und Wunden. Ich will Echtheit. Bist Du bereit alles von Dir zu zeigen Max? Und ist Dir bewusst, dass Du dafür nicht nur Applaus ernten wirst? Nicht alles, was Du offen zeigst, wird auf offene Arme stoßen. Einiges trifft sicher auch auf taube Ohren bei mir. Das ist in Ordnung so. Jeder Mensch hat seine Wohlfühlzone. Dort, wo sich diese Zonen überschneiden, werden sie zu gemeinsamen Lustzonen. Und der Ort an dem sie sich nicht überschneiden, wird für mich und Dich zur Wachstumszone. Dabei muss die Wachstumszone immer ein Angebot bleiben. Jeder von uns beiden kann dieses Angebot annehmen oder ablehnen. Alles kann, aber nichts muss sein. Trotzdem kannst Du natürlich auch Geheimnisse haben. Ist das Geheimnis jedoch eine weitere Frau, bin ich weg. Endgültig, aber in diesem Punkt kennst Du mich ja. Sag mir, was Du mir geben willst und erzähl mir, was Du Dir von mir wünscht.

Sprich mit mir über die Dinge, die Du gern erleben würdest. Teil mir mit, wenn Druck auf Dir lastet. Das allein wird den Druck verringern. Ich rede übrigens nicht nur vom Sex. Nur mal so nebenbei." Max schaut sie an, sagt aber nichts. So fährt Catharine fort: „Uns hat eine offene Art der Kommunikation gefehlt. Ich bin mir sicher, dass war unser Hauptproblem neben deinem Ego. So und jetzt höre ich auf Dich voll zu sülzen. Mir ist heiß geworden. Ich gehe schwimmen." Sie erhebt sich und schaut sich um. „Was ist?" „Keine geöffnete Umkleidekabine. Da muss wohl das Badetuch reichen. Kannst Du es halten?" „Sicher." „Aber wegsehen." „Catharine ich habe Dich schon nackt gesehen." Max Stimme klingt genervt. „Ja früher. Wegsehen." Max hält das Badetuch hoch und ist sichtlich bemüht, nicht über den Rand zu schauen. Catharine muss sich das Lachen verkneifen. „Höher halten Max." Gehorsam streckt er die Arme. Schnell zieht sich Catharine um. „Fertig." Dann rennt sie in den See. „Boah ist das kalt", schreit sie Max zu. Der lässt sich trotzdem nicht davon abhalten ihr zu folgen. Gemeinsam schwimmen sie auf den See hinaus. Sie haben fast die Mitte erreicht als Catharine Max zuruft: „Mir ist kalt, ich kehre um." „Gut, ich schwimme noch ein wenig." Catharine kehrt um. Am Strand angekommen zieht sie schnell den nassen Badeanzug aus und schlägt das Badetuch um ihren Körper. Da kommt auch schon Max aus dem Wasser. „Ich habe Dich nackt gesehen Catharine", ruft er ihr schmunzelnd zu. „Das zählt nicht. Das war aus der Ferne." „Wie Du meinst." „Magst Du noch etwas essen?" „Haben wir denn noch was?" „Ein wenig ist noch da." Catharine beginnt, die Reste aus der Kühlbox auszupacken. „Mir ist so kalt", sagt sie dann zu Max. Dabei schlägt sie die Arme um ihren Körper. Sie hat eine Gänsehaut. „Soll ich Dich wärmen?", gibt der zurück. Catharine schaut Max mißtrauisch an. „Das könnte Dir so gefallen. Obwohl, eigentlich wäre nichts dagegen einzuwenden. Mir wäre wärmer. Ok." Schnell rutscht Max an ihre Seite und umarmt sie. Sie kuschelt sich an seine Seite. Ein vertrautes Gefühl steigt in ihr auf. Still sitzen sie nebeneinander und essen die Picknickreste. Langsam geht die Sonne am Horizont unter. „Müssen wir nicht langsam zurück?", fragt Max Catharine. „Ja so langsam wird es Zeit die Sachen zusammenzupacken. Willst Du unterwegs noch etwas essen gehen oder fahren wir ins Hotel?" „Ich habe keinen Hunger mehr", erwidert Max. „Hast wohl Angst vor der Rechnungssumme von gestern", gibt Catharine spitzbübisch zurück. "Blödsinn, aber irgendwie bin ich müde. Den ganzen Tag an der frischen Luft." „Ok, fahren wir heim." Catharine erhebt sich und zieht sich unter dem Badetuch an. Max packt inzwischen den Picknickkorb und die Reste für die Kühlbox zusammen. Sie gehen zum Auto, welches inzwischen ganz allein auf dem Parkplatz steht. „Der richtige Augenblick für Sex im Freien", hört sie da Max sagen. „Wenn wir ein Paar wären, ja. Sind wir aber nicht." „Nicht?", erwidert Max. Catharine schüttelt den Kopf. Dann steigt sie ein. „Spielverderberin", brummt Max als er neben ihr Platz nimmt. „Ich soll Dir doch sagen was ich will und nun mache ich es und Du sagst nein." „Danke für das Angebot Max, welches ich jedoch ablehne. Falscher Zeitpunkt." „War ein Versuch wert", grinst Max sie an. Catharine muss lächeln. Typisch Max. Als sie im Hotel ankommen, ist es schon spät und so gehen sie beide auf ihre Zimmer. „Morgen früh acht Uhr dreißig Frühstück Max?" Der nickt. Dann geht er auf sein Zimmer. ‚War wohl wirklich müde.'

Für den nächsten Tag hat Catharine eine Tour durch den Ort geplant. Nach dem Frühstück spazieren sie beide in Richtung Zentrum. Dabei genießen sie die Aussicht auf die vielen Obstplantagen und auf die Rebflächen. Der Himmel ist strahlend blau. Es wird ein heißer Tag werden. Zunächst besichtigen sie die Kathedrale Ste-Anne, das Bischöfliches Palais und eine Kapelle, dann bummeln sie über den gerade stattfindenden Markt und probieren die angebotene Ware. Kandierte Früchte sind die Spezialität dieser Stadt. Schließlich setzt sich Catharine auf eine Bank. Sie ist sichtlich erschöpft. „Ich kann nicht mehr laufen", wendet sie sich an Max. „Ich bin so satt, ich mag kein Blatt mehr", fügt sie scherzend hinzu. „Na wie wäre es denn dann mit etwas zu trinken?", fragt sie Max. „Dagegen hätte ich nichts einzuwenden. Suchen wir uns eine Bar oder ein Café." Gemütlich schlendern die beiden weiter. Schließlich finden sie sich auf einem großen Platz wieder auf dem eine Gruppe älterer Männer gerade Boule spielt. Am Rand des Platzes befindet sich ein kleines Café. Catharine und Max steuern direkt darauf zu. Catharine bestellt zwei Perrier und zwei Cafè Americano. Interessiert schauen die beiden den Spielern zu. „Kennst Du das Spiel?", fragt Catharine Max. „Ein bisschen. Ziel ist es, mit den eigenen Kugeln möglichst nah an eine Zielkugel zu gelangen. Die Zielkugel und die gegnerischen Kugeln können dabei auch herausgedrückt oder weggeschossen werden. Richtig?" „Yep", erwidert Catharine. „Das Spiel heißt hier übrigens Pétanque und weißt Du wie die Zielkugel hier heißt?" „Nein." „Schweinchen (cochonnet)." Catharine muss lachen. "Irgendwie passend oder? Die arme Kugel wird von allen angerempelt und muss sich das gefallen lassen. Sie ist wirklich ein armes Schwein." Jetzt muss auch Max lachen. „Ich habe eine Idee", sagt Catharine, bevor sie aufsteht und zu den Männern hinüber geht. Max sieht, wie sie mit ihnen redet und zu ihm herüber deutet. Ihm schwant nichts Gutes. Schon kommt Catharine zurück. „Komm, Du kannst mitspielen. Einer der Herren gibt Dir seine Kugeln." Max schüttelt energisch den Kopf. „Spinnst Du. Ich verstehe kein Wort und habe das auch noch nie gespielt." „Macht nichts. Das kannst Du lernen. Los jetzt. Ich habe ihnen erzählt, dass Du deutscher Staatsmeister in Boule bist. Sie freuen sich das Du mitspielen willst. Aber Vorsicht das sind Franzosen. Die verfügen über Kampfgeist." Mit diesen Worten zieht Catharine Max vom Stuhl und hinter sich her. Der wehrt sich. „Catharine hör auf zu spinnen. Ich mach das nicht." Doch sie lässt ihn nicht los und so stehen sie schließlich vor der wartenden Herrengruppe. „Ich habe ihnen gesagt, dass Du kein französisch sprichst. Das macht nichts. Sport verbindet. Also los jetzt. Hör auf Dich zu zieren." Sie gibt ihm einen leichten Schlag auf die Schulter, dreht sich um und geht zu ihrem Platz zurück. Über die Schulter sagt sie: „Verteidige die Ehre Deutschlands. Ich schau zu." Widerwillig fügt sich Max. Nach drei Stunden beenden die Herren das Spiel. Max kommt auf Catharine zu. „Wer hat gewonnen?", fragt sie ihn. „Frankreich", gibt er zerknirscht zurück, „aber ich bin Zweiter." „Gratuliere. Gehen wir?" Max druckst herum. Catharine sieht ihn erwartungsvoll an. „Ich würde gern mit ihnen mitgehen", deutet Max auf die Gruppe. Sie wollen noch was trinken gehen im Zentrum. „Na da waren die Verständigungsschwierigkeiten ja doch nicht so groß", schmunzelt Catharine. „Gut, dann gehe ich ins Hotel und mach mir einen schönen Abend. Wir sehen uns morgen beim Frühstück Max. Viel Spaß." „Du bist nicht böse?", fragt Max ungläubig. „Nein. Warum? Jetzt habe ich den

Nachmittag und Abend für mich." Sie gibt ihm einen leichten Kuss auf die Wange, lächelt ihn an und geht. Von Max sieht und hört sie an diesem Tag nichts mehr. Als sie am nächsten Morgen zum Frühstück erscheint, ist Max noch nicht da. So frühstückt sie allein. Sie will sich gerade erheben, um nach ihm zu sehen, als er in der Tür erscheint. ‚Oh, oh, das war offenbar ein langer Abend gestern', denkt Catharine. Sie winkt dem Kellner und bestellt für ihn einen doppelten Espresso. Max lässt sich ächzend auf den Stuhl fallen. „Morgen", hört Catharine. Max Stimme hört sich rau an. „Guten morgen, war wohl eine kurze Nacht?", erwidert diese. Max nickt. Der Kellner bringt ihm seinen Kaffee. „Der tut gut", stöhnt Max. „Willst Du nichts essen?" „Ich glaube nicht, dass mein Magen etwas will", gibt Max zurück. „Ich werde heute im Hotel bleiben und die Planung für morgen machen, ein wenig schwimmen und ausruhen. Wir reisen nämlich morgen ab." „Wohin fahren wir?" „Nach Avignon." „Hast Du etwas dagegen, wenn ich heute noch einmal Boule spielen gehe? Vielleicht gewinne ich ja heute?" „Der Herr hat Kampfgeist. Von mir aus kannst Du gern die Ehre Deutschlands verteidigen. Wir sehen uns also morgen beim Frühstück?" „Nein, heute gehe ich nichts trinken. Kommst Du am Abend in den Ort? Wir könnten gemeinsam zu Abend essen?" „Uhrzeit?" „Gegen siebzehn Uhr?" „Gut das geht sich aus. Ich bin um siebzehn Uhr im „Le Carnot Set". Den Tisch bestelle ich und zahlen werde ich auch. Ok?" Max nickt. „Gut bis siebzehn Uhr. Ich werde das schon finden." „Frag einfach Deine Herrenriege." Am Abend ist Catharine pünktlich im Restaurant. Sie wurde sehr freundlich empfangen und hat auch bereits etwas zu trinken auf dem Tisch als Max erscheint. "Du siehst abgekämpft aus", ergreift Catharine das Wort. „Ich habe ihnen nichts geschenkt", gibt Max kämpferisch zurück. „Gewonnen?" „Nein, wieder ein Franzose." „Ist ja nur ein Spiel", gibt Catharine beschwichtigend zurück. „Im eigenen Land möchten die Franzosen eben Sieger sein." Max winkt ab. „Essen wir? Hast Du schon bestellt?" „Nein, ich habe auf Dich gewartet mit dem Essen. Was willst Du trinken?" „Ein Wasser. Ich habe Durst." Catharine bestellt das Gewünschte und fragt nach der Speisekarte. Als der Kellner beides bringt, schaut Max etwas verdutzt drein. „Die ist aber übersichtlich." „Da hast Du es nicht so schwer mit dem Tippen", gibt Catharine lächelnd zurück. „Billig ist aber auch anders", erwidert Max. „Ich zahle, also warum machst Du Dir Gedanken über die Preise?" „Mein ja nur", mault Max. Catharine übersetzt ihm die Speisekarte und bestellt dann das Essen. Max sieht sie fragend an. „Was ist?" „Du hast gestern gesagt, dass wir kein Paar sind. Ich verstehe nicht, warum wir dann diese Reise machen. Eigentlich dachte ich, damit wir wieder zueinander finden. Doch da liege ich wohl falsch oder?" „Du liegst falsch Max. Sollte sich aber während der Reise herausstellen, dass wir zueinander gehören, dann ist das auch gut." Verblüfft schaut Max sie an. „Warum machen wir also diese Reise?" Max Stimme klingt dabei barsch. „Steck die Schippe wieder ein. Wir sind hier nicht im Sandkasten. Ich erkläre es Dir." Catharine überlegt. ‚Wie sage ich es dem Kinde?' „Ich warte." Catharine sieht Max an. „Geduld war noch nie Deine Stärke. Die Reise dient dazu mich herausfinden zu lassen, was ich eigentlich will. Am Ende wird die Entscheidung stehen, ob ich mich überhaupt noch für einen Mann entscheide und wenn ja für wen." „Sebastian ist noch im Spiel?", unterbricht sie Max. „Ja. Er war nie draußen. Doch Sebastian kenne ich seit vielen Jahren. Ihn muss ich nicht kennenlernen. Dich schon. Schließlich hatte ich dazu ja nie wirklich die Gelegenheit. Du erinnerst Dich?" Max schaut sie mit zusammengekniffenen Lippen an. In seinen Augen ist ein leichter Ausdruck von Zorn zu sehen. „Die Reise dient also unserem gegenseitigen Kennenlernen?" „Richtig. Meine Welt war für mich in Ordnung, bevor Du hier aufgetaucht bist. Sebastian ist seit vielen Jahren für mich da, wann immer ich ihn brauche. Er engt mich nicht ein, gibt mir Raum zum Atmen und unterstützt mich, wenn ich ihn darum bitte. Er zwingt mich zu nichts. Nicht einmal bei ihm zu wohnen, obwohl ich weiß, dass er das gern sehen würde. Er lässt mich, wie ich bin und ich tue genau das Gleiche. Was uns beide daran hindert den letzten Schritt zu tun, ist die

Tatsache, dass wir beide Angst davor haben unsere Liebe könnte scheitern und der jeweils andere verschwindet aus unserem Leben. Ich verstehe aber auch, dass er wissen möchte, woran er mit mir ist. Deshalb habe ich ihm diese E-Mail-Geschichte schon längst verziehen. Aus Liebe tut man so manches, was man später bereut." „Und was ist mit mir." „Du Max wolltest eine oberflächliche Beziehung. Die hast Du bekommen. Mich wolltest Du nicht kennenlernen und Du hast erfolgreich verhindert, dass ich Dich kennenlernen konnte. Das versuche ich jetzt, nachzuholen. Sebastian ist Dir ähnlich und zwar dem Max, den ich zunächst kennenlernen durfte. In diesen Max habe ich mich verliebt und diesen Max liebe ich immer noch. Doch gibt es ihn überhaupt noch? Ist er nicht inzwischen eine Fata Morgana und mein Blick in Bezug auf Dich hat sich einfach nur verklärt? Das will ich herausfinden. Gibt es vielleicht nur noch den, den ich nach Jahren wiedergetroffen habe und den ich nicht will. Den Oberflächlichen, den der sein Ego damit aufpoliert, dass er ständig auf Internetbörsen chattet, um Frauen kennenzulernen, sie zu jagen und zu erobern, um sie dann schnell wieder abzulegen. Ist ja auch langweilig in eine Beziehung zu investieren. Das macht Arbeit und kostet Mühe. Wie hast Du das immer genannt? Du musst Deinen Marktwert testen. Die vielen Nebenfrauen, die nicht wichtig waren? Doch sie waren wichtig Max. Wichtig für Dein Ego. Für Sebastian bin ich die einzige Frau. Ich kann Dir nicht sagen, wie es enden wird bzw. wie ich mich entscheiden werde. Doch eines weiß ich sicher. Die Teilzeitbeziehung, die wir vor vielen Jahren geführt haben, wird es mit mir nicht mehr geben." „Du hast Dich ja auch verändert", erwidert Max, in einem aggressiven Tonfall. Dabei schaut er Catharine herausfordernd an. „Das streite ich auch nicht ab. Jeder Mensch hat die Chance sich weiterzuentwickeln. Es gibt aber auch welche, die entwickeln sich zurück." „Na wenigstens weiß ich jetzt, warum ich mit Dir reisen muss." „So schlimm?" „Nein. Es ist nur ungewohnt für mich." „In drei Wochen ist spätestens alles vorbei." „Sehe ich Dich dann nie wieder?" Bevor Catharine antworten kann, bringt der Kellner das Essen. Als er gegangen ist, fährt Catharine fort. „Das muss nicht sein Max. Wir können in Kontakt bleiben, wenn wir es beide wollen. Aber vielleicht solltest Du diese Wochen auch für Dich nutzen. Was willst Du eigentlich wirklich? Klar ist, eine Beziehung ist Arbeit. Sie hat Höhen und Tiefen. Beides will gelebt werden. Aber beide müssen es wollen." Max hat begonnen zu essen. Er ist sichtlich verärgert und kann kaum an sich halten vor Zorn. Catharine tut es ihm nach und greift zur Gabel. Das Schweigen am Tisch ist bedrückend für Catharine. „Freust Du Dich auf Avignon?" „War noch nie da", gibt Max kurz angebunden zurück. „Sur le pont d' Avignon...", beginnt Catharine zu summen. Max stimmt mit ein.

Schließlich geht den beiden der Text aus und sie müssen lachen. Ein Franzose am Nebentisch hat die Melodie aufgenommen und singt das Lied bis zum Ende. Catharine applaudiert ihm und ruft: „Bravo." Schnell kommen die Drei ins Gespräch und so endet der Abend bei nicht nur einer Flasche Rotwein erst weit nach Mitternacht.

Am nächsten Morgen sitzen sie bereits früh im Auto. Catharine möchte nicht in der Hitze fahren, auch wenn der Weg nach Avignon nicht unbedingt als weit einzustufen ist. Beide sind unausgeschlafen. Da räuspert sich Max. „Catharine ich habe noch eine Frage." „Hm", erwidert Catharine. „Wenn Du Dich denn für mich entscheidest, muss ich dann immer in Frankreich sein?" Catharine muss lachen. „Nein das musst Du nicht. Aber nicht ich werde mich für Dich entscheiden, sondern wir werden uns für uns entscheiden. Jeder von uns beiden hat die Entscheidung des jeweils anderen zu akzeptieren. Auch das gehört zu einer Liebe. Ich habe jedenfalls nicht die Absicht mit Dir zusammenzuziehen. Getrennte Wohnungen werden es auf jeden Fall. Aber Du hast ja Dein eigenes zu Hause. Auf nur gelegentliche Zusammenkünfte lege ich jedoch auch keinen Wert. Sebastian und ich leben getrennt und doch ist jeder von uns im Leben des jeweils anderen präsent, selbst dann, wenn wir nicht zusammen sind. Mal wohnen wir bei ihm, mal bei mir, mal sehen wir uns gar nicht, dann reisen wir wieder einmal miteinander, besuchen Museen und Konzerte oder liegen einfach nur nebeneinander am Strand. Ich möchte einen Partner Max. Ich brauche keinen Handwerker oder Autoschlosser. Dafür gibt es andere. Ich will eine Partnerschaft, authentisch und auf Augenhöhe." „Ich hab's verstanden", gibt Max unwirsch zurück. Dann versinkt er in Schweigen. Catharine legt eine CD ein. ‚Schöne Aussichten für Avignon', denkt Catharine. In Avignon angekommen beziehen sie zunächst ihre Einzelzimmer. Max moniert das nicht mehr. Catharine schlägt einen Stadtbummel vor. Die Sehenswürdigkeiten will sie ihm an den anderen Tagen zeigen. Max willigt ein. Sie schlendern durch die engen Gassen, als Max plötzlich stehenbleibt. „Schau mal Catharine", ruft er hocherfreut aus, „da können wir mal reingehen." Catharine die bereits ein paar Schritte vorgelaufen ist, kehrt zurück. Als sie in das Schaufenster sieht, muss sie lachen. „Alles klar Max. Nein da gehen wir nicht rein. Jedenfalls ich nicht. Du kannst gern gehen." „Wieso? Du hast gesagt, ich soll Dir sagen, wenn ich etwas möchte. Das will ich. Das sind doch klasse Dessous. Megageil. Wir kaufen welche ja", erwidert er, sehnsüchtig zum Schaufenster schauend. „Würden Dir übrigens gut stehen", fügt er mit einem Seitenblick auf Catharine hinzu. „Klar, doch jede Frau hat ihre Geheimnisse und ich habe die Meinigen. Hast Du die Preise gesehen?" Max schaut entsetzt auf die

Preise. „Oh, ist mir gar nicht aufgefallen. Aber ein Teil können wir doch kaufen Catharine. Den Fischernetzbody mit den Löchern an den richtigen Stellen zum Beispiel." Vergnügt reibt sich Max die Hände. „Nein und das ist mein letztes Wort. Kindskopf." Mit diesen Worten geht Catharine weiter. ‚Das fehlt mir noch. Max sucht meine Dessous aus.' Doch Max kann sich vom Schaufenster nicht trennen. Jedes einzelne Teil wird genau unter die Lupe genommen. „Ich warte im nächsten Café", ruft Catharine ihm zu und geht weiter. „Warte doch", kommt Max hinter ihr hergerannt. „Einmal reingehen hätten wir doch können. Müssen ja nichts kaufen." Catharine sieht ihn nur an. Plötzlich schießt ihr ein Gedanke in den Kopf. ‚Sebastian hätte sie gehen lassen, wäre dann in den Laden gegangen und hätte sie später mit einem besonders schönen Teil überrascht. Immer hat er die richtige Größe gekauft.' Ein warmes Gefühl durchströmt sie. ‚Sebastian.' „Gehen wir etwas essen", ruft da Max. „Ich habe noch gar keinen Hunger", erwidert Catharine. Sie schaut auf die Uhr. „Es ist viel zu früh. Gegen 17.00 Uhr vielleicht." „Ich habe aber keine Lust mehr zu laufen", murrt Max. „Gut dann gehen wir auf einen Kaffee." Sie steuert das nächste Café an. Beide bestellen einen doppelten Espresso und Wasser. „Sag mal Max", beginnt Catharine, „Du erzählst gar nichts von Dir? Wie geht es Deinen Kindern?" Max scharrt unruhig mit den Beinen unter dem Tisch.

Verlegen blickt er zu Boden. „Die wollen nichts von mir wissen. Nur manchmal, wenn sie Geld brauchen, wissen sie, wo ich wohne." „Und Deine Freundin?" „Ex-Freundin ja. Keine Ahnung wo die lebt und was sie tut." „Und das Kind?" „Weiß ich auch nicht. Sie wollte nicht, dass ich mein Kind sehe." „Und bist Du jetzt in einer Partnerschaft?" ‚Blöde Frage', denkt Catharine, ‚der sagt ja doch nicht die Wahrheit.' „Natürlich nicht. Sonst wäre ich ja nicht hier." „Ist das so Max? Das wäre doch Deine alte Gangart. Hier eine Frau und dort eine Frau und keine weiß von der jeweils anderen." „Willst Du mich ärgern oder was?", gibt Max mit wutverzerrtem Gesicht zurück. „Nein. Ich möchte mich mit Dir unterhalten und wissen, was mich erwartet. Lass Dir doch nicht alles aus der Nase ziehen. Wie stellst Du Dir denn unsere zukünftige Beziehung vor?" Erstaunt sieht Max sie an. „Ich komme ab und zu vorbei. Schließlich lebe ich in Deutschland. Das wird eine Fernbeziehung." „Ab und zu bedeutet was?" „Wenn es bei mir gerade geht. Schließlich arbeite ich noch." „Und wie willst Du dann an meinem Leben teilhaben und wie soll ich an Deinem teilhaben?" „Wir können doch skypen." „Sehr bequem für Dich Max." „Was meinst du?" „Das liegt doch auf der Hand. So bleiben Dir alle Freiheiten und Du hast Null-Verpflichtungen." „Dir doch auch." „Nur, dass ich das nicht ausnutzen würde." „Das kann ja jeder behaupten", knurrt Max. Er fühlt sich nicht sehr wohl in seiner

Haut. Catharine kann ihm das Unbehagen förmlich ansehen. „Ich habe nicht Deine Krankheiten Max. Aber lassen wir das. Es bringt ja doch nichts." Catharine hat einen scharfen Tonfall angeschlagen. ‚Was bildet der sich ein. Gerade habe ich ihm erklärt, dass ich so eine Beziehung nicht will.' Beide sitzen schweigend am Tisch. Die Spannung zwischen Ihnen ist kaum zu ertragen. Plötzlich springt Max auf. „Catharine ich gehe zurück zum Hotel. Ich muss nachdenken." Catharine sieht ihn erstaunt an. „Ok, dann gehe ich allein weiter." ‚Die Reise wird zu einem Fiasko. Er ist offenbar nur mitgefahren, weil er sich Sex erhofft hat. Dann wäre er wieder abgedampft und das wäre es gewesen. Nur hat er die Rechnung ohne mich gemacht.' Nachdenklich sieht Catharine Max hinterher. ‚Manche Dinge ändern sich wohl nie.' Sie winkt dem Kellner, zahlt und bummelt dann allein weiter. Schließlich hat sie einige Einkaufstüten an ihrem Arm und beschließt in ein Restaurant am Marktplatz zu gehen. Der Abend ist schon fortgeschritten und so findet sie keinen Tisch für sich allein. Der Kellner fragt sie, ob sie an einem Tisch Platz nehmen möchte, an dem bereits ein einzelner Herr sitzt. Catharine nickt zustimmend. Sie hat Hunger. Schnell kommen die beiden miteinander ins Gespräch. Es ist ein junger Mann, seines Zeichens Student, aus Schweden. Er reist mit dem Eurail Pass durch Europa. In Avignon wohnt er bei einem Freund. Er erzählt ihr von seinen Erlebnissen. Sie empfiehlt ihm auf jeden Fall Les Beaux de Provence und Arles zu besuchen. Er verspricht es. Inzwischen ist es dunkel geworden und Catharine schaut zur Uhr. Erschrocken winkt sie dem Kellner. Es ist bereits Mitternacht. Sie zahlt und bedeutet dem jungen Schweden, dass sie seine Rechnung übernimmt. Artig bedankt er sich. Sie wünscht ihm noch eine gute Reise und geht dann in Richtung Hotel davon. Beschwingt schlendert sie mit ihren Taschen die Straße entlang. Am Hotel angekommen, versetzt sie der großen Schwingtür einen Schubs und gleitet elegant hindurch. Der Portier lächelt ihr zu und wünscht ihr eine angenehme Nacht. Als sie an der Rezeption ihren Zimmerschlüssel verlangt, hört sie plötzlich eine ihr bekannte Stimme. Es ist Max. Schnell stellt sie ihre Einkaufstaschen an der Rezeption ab und stellt sich dann hinter eine Säule direkt vor der Bar. Als sie um die Ecke lugt, sieht sie Max mit einer Brünetten am Bartresen sitzen. Beide haben Champagnergläser vor sich stehen. Sie scheinen sehr intim miteinander zu sein. ‚Die sitzt ja fast auf seinem Schoß', schießt es Catharine durch den Kopf. ‚So sieht also Nachdenken bei ihm aus. Interessant.' Da bemerkt sie, dass Max zahlt und die beiden sich erheben. Schnell geht sie zur Rezeption zurück. Hilflos schaut sie sich um. ‚Wo kann man sich denn hier verstecken?' Da fällt ihr Blick auf den Rezeptionisten, der sie amüsiert beobachtet. Er deutet hinter seinen Tresen, also zu seinen Füßen. ‚Klasse, jetzt küsse ich schon Rezeptionisten die Füße.' Doch sie nimmt sein Angebot an und kauert sich zu Füßen des Rezeptionisten hinter den Tresen. Sie beobachtet, wie Max mit der Brünetten die Treppe hinaufgeht. Er hat seinen Arm um ihre Hüften gelegt. Sie ihren Kopf an seiner Schulter. Als die beiden verschwunden sind, erhebt sich Catharine. Verlegen lächelt sie den Rezeptionisten an und hebt entschuldigend die Schultern. Es ist ihr sichtlich peinlich. Der drückt ihr wortlos den Schlüssel in die Hand. Dann beugt er sich zu ihr und flüstert: „War das Ihr Mann?" Sie flüstert zurück: „Nein, aber er will es werden." Entsetzt schaut er sie an. Ihre Taschen nehmend, geht sie dann in Richtung Treppe davon. Sie lauscht nach oben. Doch sie hört keine Stimmen. Auf der obersten Treppenstufe angekommen, sieht sie aus den Augenwinkeln, dass Max mit der Brünetten vor einer Tür steht. Schnell geht sie in die Hocke und schaut durch das Treppengeländer. Die beiden küssen sich und bemerken nichts um sich herum. ‚Hoffentlich dauert das nicht zu lange.' Sie sieht förmlich den Rezeptionisten hinter sich grinsen. ‚Gott ist das peinlich.' Ihre Knie beginnen zu schmerzen. Doch der erbarmt sich ihrer, denn sie sieht, wie die Brünette die Tür aufschließt und Max hinter sich herziehend im Zimmer verschwindet. Erleichtert atmet Catharine auf. Schnell schnappt sie sich ihre Taschen und verschwindet in ihrem Zimmer. ‚Nicht, dass die sich das noch anders überlegen. Es wäre zu peinlich Max auf dem Flur zu begegnen und ihn beim Nachdenken zu stören.' Catharine kichert vor sich hin. Da sieht sie, dass ihr Handy blinkt. Sie hatte es im Hotel gelassen. Sebastian hat angerufen und sie um Rückruf gebeten. Ohne darüber nachzudenken, dass es bereits nach Mitternacht ist, drückt sie auf die Anruftaste. Sebastian hebt ab. „Ist was mit Louis?", sprudelt es aus Catharine heraus. „Nein bei uns ist alles in Ordnung. Er nimmt jeden Tag zwei Bäder, eines im Pool und eines im Meer. Ich wollte hören, wie es Euch geht?" „Ich würde sagen, gut", beginnt Catharine kichernd. „Catharine?" Sebastian's Stimme klingt etwas belegt. „Max vögelt gerade eine Brünette drei Zimmer weiter und ich spiele Sherlock Holmes." „Was? Catharine Du redest wirres Zeug. Hast Du getrunken?" Sebastian klingt jetzt verärgert. „Ja ein wenig, aber ich bin völlig klar im Kopf." Catharine schildert Sebastian den bisherigen Reiseverlauf. Sebastian hört interessiert zu. „Das hört sich ja nicht sehr vielversprechend an Catharine." „Würdest Du Dir das wünschen Sebastian?" „Eigentlich nicht und uneigentlich auch nicht. Aber wie geht es Dir dabei?" „Sau gut Sebastian. Ich fühle mich befreit und leicht. Endlich kann ich dieses alte Kapitel in meinem Leben schließen. Das hätte ich mir schon längst wert sein sollen. Ich hatte nie eine Zukunft mit Max. Es würden mir Lebensfreude und Lebensqualität fehlen. Verstehst Du das?" „Ich denke schon." „Warum habe ich das nicht schon vor Jahren sehen können Sebastian?" „Der Mensch entwickelt sich Catharine und alles braucht seine Zeit und hat seine Zeit." „Du meinst also, ich war zu jung und zu dumm?" „Eher, dass die Zeit noch nicht reif war." Catharine überlegt. „Wahrscheinlich hast Du recht. Ich habe mir das Leben unnötig schwer gemacht." „Ich stimme Dir zu. Jetzt solltest Du aber schlafen gehen. Morgen ist auch noch ein Tag. Melde Dich, wenn Du Hilfe brauchst. Ok?" „Ok." „Und Catharine", erwidert Sebastian herumdrucksend, „es tut mir leid. Ich wollte Dich nicht verletzen. Es war eine saudumme Idee von mir." „Schon gut Sebastian. Das ist längst verziehen." „Danke." Sebastian's Stimme hört sich erleichtert an. „Gute Nacht Sebastian." „Gute Nacht Catharine." Lächelnd legt Catharine den Hörer auf.

Am nächsten Morgen sitzt Catharine allein beim Frühstück. Max taucht nicht auf. Sie schaut sich nach der Brünetten um, aber auch die ist nicht zu sehen. ‚War wohl eine lange Nacht.' Gerade als sie überlegt was sie mit diesem Tag anfangen soll, erscheint Max. Er ist unrasiert und sieht übernächtigt aus. „Guten Morgen der Herr", begrüßt Catharine ihn. „Morgen", krächzt Max zurück. „Bist Du krank?" „Nein, nur schlecht geschlafen", gibt der zurück. „Hattest Du so schlechte Gedanken, dass sie Dich noch bis in Deine Träume verfolgt haben?" Catharine's Stimme klingt belustigt. „Quatsch. Ich konnte zu keiner Entscheidung kommen." „Wie es mit uns weitergeht?" „Ja das ist nach all den Jahren ja auch nicht so einfach." „Das stimmt", gibt Catharine kichernd zurück. Max sieht sie zornig an. „Was gibt es da zu lachen?" „Ach nichts. Ich würde nur gern wissen, was die Brünette dazu sagt, dass sie ein schlechter Gedanke ist?" Ruckartig hebt Max den Kopf. „Welche Brünette?" „Falsche Antwort Max. Ich habe Euch gesehen." „Du hast mir hinterherspioniert?" „Nein, ich bin Euch hinterherspaziert. Da gibt es einen kleinen aber feinen Unterschied." Catharine kann sich das Lachen kaum noch verkneifen. Max sieht etwas unschlüssig aus. Er weiß nicht so recht was er sagen und wie er sich verhalten soll. „Ach komm schon, Max. Früher konntest Du das aber besser", stichelt Catharine. „Ich helfe Dir. Du hast also in Gedanken versunken am Bartresen gesessen, als diese aufdringliche Brünette Dich in ein Gespräch verwickelt hat, um Dich dann sprichwörtlich dazu zu nötigen ihr Champagner zu spendieren. Dann hat sie Dir K.O.-Tropfen hineingetan, denn freiwillig wärst Du ihr nie auf ihr Zimmer gefolgt. Das hast Du ihr auch unmissverständlich klargemacht. Als Du dann ohnmächtig warst, hat sie Dich an den Haaren in ihr Zimmer geschleift und ist über Dich hergefallen. Heute in der Früh konntest Du Dich dann endlich befreien und bist geflüchtet." Max Gesicht ist wutverzerrt. Seine Hände sind zu Fäuste geballt. „Ich hasse Dich. So ein

Ausrutscher kann doch jedem Mal passieren. Das hat doch nichts zu bedeuten." „Wenn es nichts zu bedeuten hat, warum hast Du es dann getan?" Da hellt sich Max Gesicht auf. Er deutet mit dem Finger auf Catharine und sagt dann: „Du bist eifersüchtig." Dabei grinst er triumphierend. „Bin ich das, Max? Ich denke nicht, dass ich das bin. Beim Lügen habe ich Dich wieder einmal erwischt. Das ist aber auch schon alles. Die Wahrheit dürfte sein, dass Du Dir schnellen Sex von mir erhofft hast. Den hast Du nicht bekommen, also hast Du Dich anderweitig umgesehen und bist fündig geworden. Dumm nur, dass ich gerade zur Tür hereinkam, als Du mit der Dame auf ihr Zimmer verschwinden wolltest. Ihr seid so beschäftigt gewesen, dass Ihr mich nicht bemerkt habt. Oder hat sie Dir beim Nachdenken geholfen?" Max schaut sie wütend an. Doch Catharine fährt ungerührt fort: „Ich fahre heute weiter nach Les Beaux de Provence. Du kannst mitfahren oder den TGV nehmen. Nach Les Beaux de Provence fahre ich heim." „Du brichst die Reise ab?" Max ist laut geworden. „Ja. Ich habe erfahren, was ich wissen wollte. Es hat sich nichts geändert. Du schmeichelst mir und umwirbst mich, damit Du mich zur Strecke bringen kannst, sprich flachlegen. Wenn Du dann merkst, dass Du Dein Ziel nicht erreichst schwenkst Du sehr schnell um. Du wirst grob und tröstest Dich anderweitig. Es ist also alles wie immer. Das ist nicht meine Vorstellung von einer Partnerschaft Max.

Zuckerbrot und Peitsche. Deshalb wünsche ich Dir eine gute Heimreise und ich möchte Dich nicht mehr wiedersehen." Entgeistert sieht Max sieh an. „Du lässt mich hier einfach sitzen?" „Nein. Wie ich schon sagte, Du kannst wählen zwischen meinem Auto und dem TGV." „Catharine bitte", beginnt Max zu betteln. „Das kann doch nicht alles gewesen sein?" „Doch Max das ist alles. Ich fahre um elf Uhr los." Catharine steht auf und geht auf ihr Zimmer. Max bleibt mit offenem Mund zurück. Gegen elf Uhr geht Catharine an die Rezeption und zahlt ihre Rechnung. Der Rezeptionist schaut sie freundlich an. „Werden Sie ihn trotzdem heiraten, Madame?" „Nein Monsieur, aber ich habe endlich Klarheit. Courir les filles. (Er ist ein Schürzenjäger.)" „Chapeau Madame."

Als Catharine zu ihrem Auto kommt, wartet Max schon dort. Wortlos legt sie ihren Koffer hinein und bedeutet Max seinen dazu zustellen. Als sie sich auf der Landstraße befinden, räuspert sich Max kurz, bevor er anfängt zu sprechen: „Catharine es tut mir leid, dass es so gelaufen ist. Aber diese Reise war nicht meine Idee. Wir hätten uns auch anders kennenlernen können." Catharine unterbricht ihn mit einer abwinkenden Handbewegung. „Halt den Mund Max. Ich habe Dich kennengelernt und zwar genauso wie Du bist. Und genau das wollte ich. Die Reise war in Bezug auf Dich die beste Entscheidung meines Lebens." Max spürt, dass es sich Catharine nicht anders überlegen wird. Also lässt er das Thema ruhen. „Wo liegt dieses Les Beaux?", fragt er deshalb. „Es ist nicht weit. Nur eine Stunde von Avignon entfernt. Es ist eines der schönsten Dörfer Frankreichs. Jedoch in der Hauptsaison sind sehr viele Touristen dort unterwegs. Mittelpunkt des Ortes ist eine Burgruine. Es gibt viele Restaurants und Läden. Mich zieht es allerdings zum Steinbruch." „Zum Steinbruch? Was gibt es denn in einem Steinbruch schon zu sehen?" „Inmitten der Alpilles sind die monumentalen „Steinbrüche des Lichts" der Schauplatz von weltweit einzigartigen Multimediashows. Es ist einfach phantastisch", beginnt Catharine zu schwärmen. Ihre Wangen röten sich leicht. „Diese Vorführungen werden auf die riesigen, vierzehn Meter hohen Wände, die Pfeiler und Böden des ehemaligen Steinbruchs projiziert. Sie lassen mich eine von Musik untermalte Reise in farbenfrohe Welten unternehmen. Siebzig Videoprojektoren und siebzig Server projizieren Bilder auf eine Fläche von über sechstausend Quadratmeter. Der Zuschauer wird in das auf alle Flächen des Steins projizierte Bild vollständig mit einbezogen. Der Boden ist vollständig bedeckt und wird so zu einem gigantischen Bilderteppich. Das muss man einfach gesehen haben." „Was sind das für Bilder?" „Gemälde alter Meister." „Na ich weiß nicht, ob das etwas für mich ist. Kann ich nicht draußen warten?", gibt Max zurück. „Das kann aber zwei oder drei Stunden dauern. Draußen ist es heiß und drinnen sehr kühl. Geh einfach mit und wenn es Dir nicht gefällt, kannst du Dich ja in das Café setzen und auf mich warten." „Nein ich warte lieber draußen. Dann spare ich das Eintrittsgeld." „Wie Du willst. Ich lass Dir den Schlüssel zum Auto da, aber sei bitte am Handy erreichbar." „Ok." Es herrscht wieder Schweigen im Auto. Catharine macht das Radio an. In Les Beaux parkt sie an einer der Zufahrtsstraßen. Es ist inzwischen sehr heiß. „Hier ist der Steinbruch und dort der Ein- und Ausgang. Anschließend können wir noch den Ort besichtigen. Willst Du nicht lieber doch mit rein bei der Hitze?", versucht es Catharine ein letztes Mal. „Später können wir essen gehen." Dabei deutet sie auf den Ort am Berg gegenüber. Max schüttelt energisch den Kopf. „Ich schlafe ein wenig im Auto. Bin müde." ‚Was ein Wunder nach der Nacht.' Sie winkt ihm kurz zu und ist dann verschwunden. Im Steinbruch umfängt sie Stille. Mediale Klänge hüllen sie ein. Langsam durchwandert sie den Steinbruch. Immer wieder bleibt sie andächtig stehen, um den sich bewegenden Bildern zuzuschauen. Sie merkt nicht, wie die Zeit vergeht. Als sie wieder auf die Uhr schaut, sind drei Stunden vergangen. ‚Oh Gott, Max. Der ist sicherlich schon gar bei der Hitze.' Rasch verlässt sie die Show und steuert auf den Parkplatz zu. Doch ihren Wagen kann sie nicht finden. Dort wo ihr Wagen parkte, parkt jetzt ein blauer Renault. Suchend schaut sie sich um. ‚Habe ich mich im Platz geirrt?' Sie sucht alle Parkplätze der Umgebung ab. Nichts. Der Schweiß läuft an Gesicht und Körper herunter. Sie hat nichts zu trinken dabei. Da fällt ihr das Handy ein. Schnell zieht sie es aus ihrer Tasche und ruft Max an. Doch der hebt nicht ab. Catharine wird immer aufgeregter. Unruhig läuft sie auf und ab. Schließlich springt die Mailbox an. „Max wo bist Du?", brüllt Catharine in das Telefon. Keine Antwort. Sie legt auf und setzt sich auf einen Stein. Ein Spaziergänger fragt sie, ob er helfen kann. Sie schüttelt den Kopf. ‚Mir ist wohl nicht mehr zu helfen. Wer macht mit so einem Volltrottel auch eine Reise.' Dann fällt ihr ein, Sebastian anzurufen. Der nimmt auch sofort den Hörer ab. „Was ist passiert Catharine?" „Max ist mit meinem Wagen verschwunden." Hastig erklärt sie ihm, was passiert ist. „Soll ich kommen und Dich holen?" „Nein, aber hast Du eine Idee, wie ich den aufspüren kann?" „Mir fällt nur die Gendarmerie ein. Die können Dir suchen helfen." Catharine stöhnt auf. „So perfekt ist mein Französisch nicht. Außerdem ist es mir megaoberpeinlich denen erklären zu müssen, warum mein Auto nicht geklaut wurde und doch verschwunden ist. Ich mach mich doch zum Löffel." „Bleib ruhig Catharine. Ich rufe sie an und schicke sie zu Dir. Wo bist Du?" „Vor dem Eingang sitze ich auf einem Stein. Die total verblödete. Leicht zu erkennen." Catharine ist wütend auf sich selbst. Sebastian beschwichtigt sie. „Du ärgerst Dich über Dich selbst oder?" „Natürlich. So was Blödes haben die bestimmt noch nicht gehabt. Ich drücke dem Dieb meines Wagens die Schlüssel in die Hand." „Bleib da, wo Du bist. Die kommen gleich." Dann legt Sebastian auf. Keine zehn Minuten später stehen tatsächlich zwei Gendarmen vor Catharine. ‚Grinsen die oder scheint das nur so?' Doch die beiden Herren fragen höflich, ob sie eine Ahnung hat, wohin ihr Freund mit dem Wagen verschwunden sein könnte. Sie zuckt mit den Schultern. „Ich habe keine Ahnung. Sein Handy ist ausgeschaltet. Es wird doch nichts passiert sein?" Doch das verwirft sie gleich wieder. Die beiden Gendarmen fordern sie auf, in ihren Wagen zu steigen. Inzwischen sind Besucher stehengeblieben und beobachten die Szene. ‚Na toll, ich werde abgeführt.' Im Auto erklärt ihr einer der Gendarmen, dass sie mit ihr in den Ort fahren werden. Sie glauben, dass Max in einem der Restaurants zu finden sein wird. Er deutet auf die Sonne. Catharine nickt zustimmend. Der Ort liegt nur einen Kilometer leicht bergabwärts auf einem anderen Berg. Als sie am Rand des Ortes ankommen, schreit Catharine plötzlich: „Halt!". Sie hat ihren Wagen entdeckt. Rasch springt sie aus dem Auto. Die Gendarmen folgen ihr. „Das ist mein Wagen", erklärt sie ihnen. Doch der Wagen ist verschlossen. Max ist weit und breit nicht zu sehen. Catharine bedankt sich bei den Gendarmen und erklärt ihnen, dass sie Max im

Ort suchen wird. Einer der Gendarmen zwinkert ihr zu, bevor er sagt: „In den seiner Haut möchte ich jetzt nicht stecken. Aber bitte kein Blutvergießen, damit wir in Ruhe zu Abend essen können." Catharine verspricht nichts zu tun, was sie später einmal bereuen würde. Sie reißt einen Zettel aus ihrem Notizblock und steckt ihn hinter einen der Scheibenwischer. ‚Warte hier auf mich.' Dann bedankt sie sich bei den Gendarmen und geht los in Richtung Dorfzentrum. Nur mühsam kommt sie voran, denn der Ort ist voller Touristen. Die Straße und die Restaurants sind übervoll. Doch schließlich entdeckt sie Max und glaubt ihren Augen nicht zu trauen. Der sitzt mit einer Blondine Händchen haltend allein an einem Tisch. Eine Flasche Rotwein steht vor ihnen. Catharine kann sich nur mühsam beherrschen. Doch dann gewinnt die Wut die Oberhand und sie stürmt auf Max zu. Bevor er sich versieht, hat er links und rechts eine Ohrfeige verpasst bekommen. „Aua", springt der, sich die linke Wange haltend, auf. „Was fällt Dir ein Catharine?" „Was mir einfällt? Ich stehe da oben vor dem Steinbruch und das Auto ist weg, samt Dir. Sebastian hat die Gendarmerie rufen müssen und Du fragst, was los ist. Hatten wir nicht die Abmachung, dass Du Dein Handy anlässt?" „Ich wollte doch nur was trinken, weil ich Durst hatte." „Ach und das Blondchen da hat den Strohhalm gehalten oder wie?" „Das war Zufall. Sie leistet mir Gesellschaft." „Und hilft beim Nachdenken, wie gestern die Brünette", beendet Catharine den Satz. „Du bist ein solcher Vollkoffer Max. Doch jetzt reicht es mir. Du fährst mit dem TGV heim und bis morgen Abend ist Deine Sardinenbüchse von meinem Grundstück verschwunden. Andernfalls rufe ich ein weiteres Mal die Gendarmerie. Habe ich mich klar ausgedrückt?" „Du kannst mich doch hier nicht zurücklassen?" „Doch kann ich. Frag doch Madame Pompadour, ob sie Dich zum nächsten Bahnhof bringt. Übernachten kannst Du doch sicher bei ihr. Schlüssel her." Wortlos reicht Max hier den Autoschlüssel. Catharine dreht sich um und verlässt raschen Schrittes das Lokal. Max bleibt wütend zurück. Dann lässt er sich auf seinen Stuhl fallen. „Na dann eben nicht." Mit einem Lächeln nimmt er die Hand der Blondine und drückt einen Kuss darauf. Die schaut ihn mit schmachtenden Blicken an.

Zwei Stunden später ist Catharine wieder daheim. Sie konnte gar nicht schnell genug nach Hause kommen. Als sie ihren Koffer aus dem Wagen hebt, sieht sie die Sachen von Max noch im Kofferraum liegen. ‚Wohin damit?' Ihr Blick fällt auf sein Wohnmobil. Schnell nimmt sie den Koffer aus dem Kofferraum und stellt ihn neben die Fahrertür des Wohnmobils. ‚Gute Reise und auf Nimmerwiedersehen', denkt sie dabei. Da kommt Helene über die Straße direkt auf sie zu gelaufen. Aufgeregt schwenkt sie einen Brief über ihrem Kopf. Catharine winkt zurück. Völlig außer Atem bleibt

Helene vor ihr stehen. „Schon zurück Catharine? Es sind doch erst zwei Wochen." Catharine bedeutet ihr, mit hinein ins Haus zu kommen. „Ich erzähle Dir alles bei einer Tasse Tee. Die brauche ich jetzt nämlich." „Gut ich habe Zeit", gibt Helene zurück. Beide gehen in das Haus. Catharine bringt ihren Koffer in das Schlafzimmer. Inzwischen hat Helene in der Küche das Wasser für den Tee aufgesetzt. Catharine betritt die Küche und fragt Helene: „Jasmintee Helene?" „Ja gern. Nun erzähl doch endlich, was passiert ist. Wo ist eigentlich Max?" „Nun warte ab. Geduld ist eine Tugend." Catharine stellt die Teetassen auf den Tisch, Safrankandis und ein paar Macarons werden den Genuss vollenden. Sie braucht dringend etwas Süßes. Dann stellt sie den Tee dazu. Erst dann setzt sie sich. „Du machst es aber spannend", mault Helene etwas ungeduldig. „Ich habe Max in Les Beaux sitzen gelassen." Dann schildert sie kurz die Ereignisse der letzten zwei Wochen. Aufmerksam hört Helene ihr zu. Als Catharine geendet hat, schaut sie Helene an. „Was sagst Du nun? Deine Theorie hat sich als falsch herausgestellt. Aber ich habe jetzt Klarheit. Er ist und bleibt ein Schürzenjäger." „Es war ja auch nur eine Theorie und die bewahrheiten sich selten in der Realität. Aber es hätte doch sein können, oder? Wie fühlst Du Dich jetzt?" „Ganz ehrlich Helene befreit und glücklich. Das Phantom der Vergangenheit ist geplatzt und taucht nie wieder auf. Ich bin ihn endlich los." Helene schaut sie grübelnd an. Auf ihrer Stirn zeichnen sich Falten ab. „Ich weiß nicht, ob ich so geduldig gewesen wäre. Der hat doch alles nur aus Berechnung getan. Er wollte Dich in sein Bett bekommen. An Dir hat der gar kein Interesse. Das ist doch billig." „Genauso billig, wie die Damen die er sich aussucht. Aber Du hast recht, er war nicht an mir interessiert, sondern nur an meinem Körper. Nur den gibt es nicht ohne mich." Helene streichelt ihren Bauch. Catharine bemerkt das und meint eine kleine Wölbung unter Helenes Kleid zu erkennen. „Sag mal Helene, bist Du etwa schwanger?" „Ach ja, dass weißt Du ja noch gar nicht. Im dritten Monat." „Und was sagt Christian dazu?" „Der sitzt in jeder freien Minute über Bücher wie „Die Entwicklung ihres Kindes im Mutterleib" oder „Die Entwicklung ihres Kindes im ersten Lebensjahr". „Warum das denn?" „Er will nichts falsch machen. Derzeit grübelt er darüber nach, ab wann er seinem Sohn Fußball beibringen kann. Wir haben auch schon Fußballstrampler. Quasi die Erstausstattung für fußballbegeisterte Säuglinge." „Was. Das ist ein Scherz. Woher wisst Ihr, dass es ein Junge wird?" Helene lacht laut auf. „Wir wissen es ja nicht, aber Christian ist felsenfest überzeugt davon, dass es ein Junge werden wird." „Und wenn es ein Mädchen wird?" „Dann spielt sie in der Damenfußballmannschaft", gibt Helene lachend zurück. „Nein im Ernst Catharine, seitdem Christian weiß, dass er Vater wird, geht er nur noch selten in die Bar. Er erklärt mir dann immer, dass die Bildung seines Kindes wichtig ist und er deshalb lieber spart." Catharine schüttelt verwundert den Kopf. „Es gibt noch Zeichen und Wunder. Gratulation jedenfalls." „Danke. Wir haben ja auch lange genug darauf warten müssen. Hab schon selbst nicht mehr daran geglaubt." Da schlägt sich Helene an den Kopf. „Merde das habe ich ja ganz vergessen. Während Du weg warst, hattest Du Besuch. Er hat diesen Brief für Dich dagelassen." Mit diesen Worten überreicht Helene Catharine den Brief, den sie immer noch in der Hand hält. „Er?" Überrascht greift Catharine zu. ‚Wer schreibt mir denn da?' Schnell reißt sie den Brief auf und beginnt zu lesen. Für Helene völlig unerwartet beginnt sie zu lachen. „Was ist Catharine?" „Manche Dinge erledigen sich doch von selbst. Luigi teilt mir mit, dass er auf der Fahrt zu mir, die Frau seines Lebens kennengelernt hat. Ich soll ihm nicht böse sein, aber er will sie heiraten. Bonne chance Luigi." Catharine hebt ihre Teetasse. Helene folgt ihrem Beispiel und die beiden Frauen stoßen an. „Und jetzt Catharine? Was ist mit Sebastian?" „Was soll mit ihm sein? Ihm und Louis geht es prächtig." Helene verzieht das Gesicht zu einer Grimasse. „Catharine Du weißt, was ich meine. Wirst Du Dich jetzt für ihn entscheiden?" „Ich will jetzt schlafen, Helene. Entscheiden werde ich später." „Gut, wie Du willst. Dann lasse ich Dich jetzt allein." „Ich fahre morgen zu Sebastian und Louis. Kannst Du bitte ein Auge auf mein Haus werfen, wenn Max sein Wohnmobil holt?" Helene hebt die Hand zum Schwur. „Indianerehrenwort, ich lasse ihn nicht aus den Augen, bis er verschwunden ist." Catharine umarmt Helene. „Gute Nacht Helene." „Schöne Träume Catharine und die hoffentlich richtige Entscheidung." Catharine nickt ihr noch kurz zu, bevor Helene ihr Haus verlässt. ‚Leichter gesagt als getan Helene. Woher weiß ich, welche Entscheidung für mich die Richtige ist?' Sie geht auf ihre Terrasse und legt sich auf die Hängematte. Ihren Blick richtet sie auf den Sternenhimmel. ‚Kann mir bitte wer da oben helfen, dass, für mich Richtige zu tun? Ich weiß ja, dass Ihr da oben viel zu tun habt. Aber dieses eine Mal brauche ich etwas Unterstützung. Vielleicht strengt sich Amor beim Schießen einfach mal ein bisschen an und trifft. Immer vorbeischießen ist auf die Dauer auch langweilig.'

Am nächsten Morgen fühlt sie sich wie gerädert. Vorsichtig setzt sie die Füße auf den Boden und bleibt so erst einmal sitzen. Eine Entscheidung hat sie nicht getroffen, aber ihr Gefühl sagt ihr, dass sie das auch nicht muss. Alles kommt, wie es kommen soll. Sie kann sich vertrauen und wird auf ihre Intuition hören. Nur mühsam kann sie die Augen aufhalten. ‚Meine Güte, ich werde alt. Hoch mit dir.' Sie erhebt sich und tastet sich ins Bad. Dort lässt sie lauwarmes Wasser über ihre Haut laufen. Das tut ihr gut und so wird sie auch wach. Schnell macht sie sich einen Kaffee und schiebt sich zwei Macarons in den Mund. ‚Ich bin süchtig nach den Dingern. Irgendwann finden die sich auf meinen Hüften wieder. Aber noch ist es nicht so weit. Frühstücken kann ich ja bei Sebastian.' Dann verschließt sie alle Türen und macht auch die Läden zu, bevor sie sich in ihr Auto setzt und losfährt. Bei Sebastian angekommen hupt sie. Niemand kommt und öffnet ihr die Gartentür. Sie rüttelt am Knauf, doch die Tür lässt sich nicht öffnen. ‚Wo können die sein? Wie war das doch gleich? Ein Bad im Pool und eines im Meer.' Rasch geht sie zum Strand hinunter und dann am Strand entlang. Ihre Sandalen trägt sie in der Hand. An der Stelle an der sich die Kitesurfer stets treffen sieht sie Remy. Der winkt ihr zu und deutet auf das Meer. Catharine winkt zurück. Dann wendet sie sich dem Meer zu. Ihre Augen werden groß und immer größer. Rasch klettert sie auf einen der großen Felssteine, die im Wasser herumliegen, um besser sehen zu können. Sie hat sich nicht getäuscht. Sebastian steht auf dem Board und Louis sitzt zwischen seinen Beinen. Catharine setzt sich auf den Felsen und schaut ihnen zu. Louis hält seine Nase in den Wind. ‚Der scheint das tatsächlich zu genießen. Wahnsinn.' Inzwischen steht Remy neben ihr. „Hallo Catharine. Schon zurück?" Catharine schaut zu ihm hinauf. „Ja gestern am Abend."

„Hat sich das mit Deinem Auto geklärt?" „Ja ich habe es wiedergefunden." Catharine deutet auf das Meer. „Seit wann machen die beiden das?" „Erst seit zwei Tagen. Bis dahin ist Louis ihm immer hinterhergeschwommen. Sebastian hat ihn dann einfach auf das Board gehoben. Der hält sich prima oder?" Catharine nickt. „Wahnsinn die beiden." „Ich muss mich um mein Geschäft kümmern. War schön Dich mal wieder gesehen zu haben Catharine. Viel Spaß Euch drei." Dann springt er vom Felsblock und ist verschwunden. Catharine schaut den beiden weiter zu und träumt dabei vor sich hin. Plötzlich nimmt sie, aus den Augenwinkeln wahr, dass die beiden auf sie zu steuern. Rasch winkt sie Sebastian zu. Kurz vor dem Felsblock springt er ins Wasser. Louis ist ebenfalls abgesprungen und schwimmt dem Strand entgegen. Als er Sand unter den Beinen spürt, beginnt er zu laufen. Catharine ist aufgestanden und vom Felsblock gesprungen. Mit den Füßen im Sand erwartet sie die beiden am Strand. Louis ist als erster bei ihr und springt an ihr hoch. Sie beugt sich zu ihm runter, krault sein Fell und drückt ihn immer wieder an sich. Sein nasses Fell stört sie dabei nicht. Louis schleckt ihr dafür das Gesicht und die Beine ab. „Was habe ich dich vermisst mein Kleiner", sagt sie dabei immer wieder. „Und mich hast Du nicht vermisst?" Sebastian zerrt gerade sein Bord aus dem Wasser. Dann stehen sie sich gegenüber. Hilflos und unschlüssig, mit hängenden

Armen, schauen sie sich an. „Doch habe ich", erwidert Catharine zögernd. „Sehr sogar." Sebastian schmunzelt. „Ich Dich auch. Magst Du auch ein wenig surfen?" Catharine schüttelt den Kopf. „Nein. Ich habe auch nichts dabei. Bin aus der Übung denke ich." Dann lacht sie und zeigt auf Louis. „Was er wohl dazu sagen würde. Ihr gebt übrigens ein schönes Paar ab." Mit ernstem Gesicht wendet sich Sebastian an Louis. „Siehst du Louis, sie will mich nicht. Du hast keine Angst, stimmt's?" Louis bellt ihn kurz, wie zur Bestätigung, an. „Ich habe keine Angst", ruft Catharine da empört aus. „Und was heißt hier, ich will Dich nicht. Klar will ich Dich." Plötzlich stockt sie. ‚Was habe ich da gerade gesagt?' Schnell beißt sie sich auf die Lippen, doch es ist zu spät. Sie versucht, Sebastians Blick auszuweichen. Doch der zieht sie an sich und hält sie fest. „Sag das noch einmal." „Was? Ich weiß nicht, wovon Du redest Sebastian." Sie will sich aus seiner Umklammerung befreien. Doch es gelingt ihr nicht, Sebastian hält sie noch fester. Vor Anstrengung wird Catharine rot im Gesicht. „Das weißt Du sehr wohl. Los sag es! Laut und deutlich. Vorher lasse ich Dich nicht los." Catharine hebt beschwichtigend die Hände. „Du bist der Stärkere. Das ist unfair. Aber ok, ich will Dich, wenn Du mich noch willst. Aber Angst habe ich trotzdem noch, nämlich davor, dass es schiefgeht." Sebastian lächelt und wendet sich dann zufrieden wieder Louis zu, der brav im Sand liegt und sich räkelt. „Siehst du Louis, sie will mich jetzt doch und wir, wollen wir sie noch?" Louis schaut kurz hoch, um dann weiter unbeeindruckt im Sand zu wühlen. Sebastian schaut Catharine direkt in die Augen. Ihr ist etwas unbehaglich zumute. „Doch, ich denke, wir wollen Dich noch", sagt er dann grinsend zu Catharine. Mit gespieltem Zorn haut die mit ihren Fäusten auf Sebastians Schultern ein. „Mistkerl elendiger." Der lässt sie los. Dann wird Sebastian plötzlich ernst. „Ich denke, wir sollten unsere Entscheidung bei einem guten Mittagessen bereden Catharine. Was meinst Du?" „Ich habe noch nicht einmal gefrühstückt heute. Können wir auf's Land fahren? Das kleine Restaurant an der Mühle vielleicht?" „Gute Idee. Doch vorher werden wir beide noch ein wenig surfen gehen. Remy hat seine Sachen sicher dagelassen, weil er spät am Abend noch einmal surfen geht. Die dürften Dir passen und er hat sicher nichts dagegen." Wiederstrebend lässt sich Catharine mitziehen. Doch Sebastian hat recht. Die Sachen von Remy liegen noch am Strand. Schnell schlüpft sie in die Sachen. Dann zeigt sie auf Louis. „Und er? Drei auf einem Board?" „Nein", gibt Sebastian lachend zurück. „Ich suche ihm einen Babysitter." Er winkt einem etwa zehnjährigen Jungen zu, der offenbar allein am Strand ist und sich langweilt. Der kommt herbeigelaufen. „Hast Du Zeit?" Der Junge nickt. „Wie heißt Du?" „Adrien." „Also hör zu Adrien. Meine

Freundin und ich möchten eine halbe Stunde surfen gehen. Kannst Du auf unseren Hund aufpassen? Er heißt Louis." Adrien nickt. Sebastian gibt ihm die Leine. Dann wendet er sich an Louis. „Du mein Kleiner bist jetzt brav und bleibst hier. Verstanden?" Louis bellt ihn kurz an. „Der hört auf Dich, das ist ja der Wahnsinn." Catharine ist erstaunt. „Adrien der Wassernapf steht unter der Palme dort und Leckerli sind im Rucksack. Eine halbe Stunde nur, dann sind wir wieder da." Adrien nickt und setzt sich mit der Leine in der Hand neben Louis und streichelt ihn. Der bleibt brav sitzen und beobachtet, wie sich Herrchen und Frauchen in Richtung Wasser entfernen. Dann lässt er sich fallen und schläft. Sebastian und Catharine stehen inzwischen im Wasser. „Ich weiß nicht Sebastian, ob das was wird? Seit einem Jahr bin ich nicht mehr auf einem Board gestanden. Diese Frau wird auch nicht jünger." „Stimmt, dafür aber immer schöner. Du packst das. Also los. Rauf auf das Board." Catharine setzt beide Füße auf das Board, greift zum Drachen und hängt sich dann in das Wasser. Sebastian folgt ihr. Er zieht den Drachen hoch und schon treibt der Wind sie über das Meer. „Wir sind doch ein tolles Team", schreit ihr Sebastian in das Ohr. Catharine nickt nur. Sie genießt den Wind und die rasante Geschwindigkeit. In Sebastians Armen fühlt sie sich sicher. Die halbe Stunde ist schnell vorüber und die beiden steuern wieder auf den Strand zu. Sebastian springt als Erster ab, Catharine folgt ihm. „Wow, war das schön", freut sich Catharine. „Und Du wolltest nicht. Manchmal muss man Dich wirklich zu Deinem Glück zwingen, Catharine." Sebastian lacht dabei. Adrien und Louis sitzen noch da, wo die beiden sie verlassen haben. Sebastian kramt seine Geldbörse hervor und drückt Adrien fünf Euro in die Hand. Der bedankt sich und rennt in Richtung Eisgeschäft davon. „Ich würde vorschlagen Catharine, dass wir zu mir nach Hause fahren, duschen, uns umziehen und dann in das Restaurant fahren. Willst Du Louis mitnehmen?" „Er stört doch nicht oder? Aber ich habe keine Wechselkleidung mit und mein Kleid ist voller Pfotenabdrücke von Louis." Sebastian überlegt. „Du wartest hier. Ich bringe Louis zu mir nach Hause und dann gehen wir ein wenig bummeln. Es gibt da eine kleine Boutique, deren Besitzerin ich kenne und die Dir sicher gern behilflich ist." „Deren Besitzerin Du kennst", murmelt Catharine leise vor sich hin. „Ja meine Liebe, das sollte ich wohl, denn sie ist meine Schwester. Eigentlich Halbschwester, aber Schwester ist Schwester", gibt Sebastian zurück. Überrascht sieht Catharine ihn an. Sie zieht die Stirn kraus. „Ich denke Du bist ein Einzelkind. Warum kenne ich sie nicht? Deine Eltern haben nie etwas erwähnt." „Ein Seitensprung meines Vaters verstehst Du. Da spricht die Familie nicht drüber." „Oh, na wenn das so ist. Ich freue mich, Deine Schwester kennenzulernen."

Schnell packen Catharine und Sebastian die Sachen zusammen. Sebastian verstaut alles im Wagen und fährt dann mit Louis nach Hause. Louis hat nichts dagegen ein Mittagsschläfchen zu halten und geht brav mit.

Eine halbe Stunde später steht Sebastian wieder vor Catharine. „Auf geht es. Gehen wir Madame ein Kleid kaufen." Dabei reicht er ihr den Arm. „Ist sie teuer?", gibt diese zurück. „Mittelklasse denke ich." Gemeinsam gehen sie durch die engen Gassen der kleinen Stadt. Catharine hat sich bei Sebastian eingehakt. Sie genießt den Spaziergang sichtlich. Vor einer braunen Tür eines kleinen Geschäftes bleibt Sebastian stehen. „Hier ist es." Das Geschäft hat nur ein kleines Schaufenster. Es wirkt eher unscheinbar. Catharine will die Tür aufmachen. Doch sie kann sie nicht öffnen. „Schade, es ist geschlossen", wendet sie sich an Sebastian. „Glaube ich nicht", gibt der zurück. Aber auch er schafft es nicht, die Tür zu öffnen. Ratlos stehen die beiden vor der Tür. Gerade wollen sie sich abwenden, da wird die Tür von innen aufgerissen. „Entschuldigen Sie, aber die Tür klemmt ein wenig und der Handwerker lässt sich Zeit", begrüßt sie eine Frau in den besten Jahren in einem tollen Outfit, wie Catharine findet. Da reißt die Dame auch schon die Arme hoch, rennt auf Sebastian zu, umarmt ihn und ruft dabei freudig aus: „Sebastian, endlich sehen wir uns einmal wieder. Lange nicht gesehen mein

Bester." Sebastian erwidert die Umarmung. „Christine langsam bitte. Du erdrückst mich ja." Dann macht er sich von ihr los. „Darf ich Dir meine Freundin vorstellen?" „Oui." Sebastian deutet auf Catharine. „Das ist sie. Mein bestes Stück. Sie braucht etwas zum Anziehen und deshalb habe ich ihr Deine Boutique empfohlen." „Oh la la, ich wusste gar nicht, dass Du eine Freundin hast Sebastian", gibt Christine zurück und droht ihm scherzhaft mit dem Zeigefinger. Catharine muss sich das Lachen verkneifen. Die beiden sind aber auch zu komisch anzusehen. „Ein schönes Teil tragen Sie da Madame." Catharine nickt anerkennend. „Oui das ist aus meiner eigenen Kollektion. Gefällt es Ihnen?" „Sehr. Es ist elegant und doch sportlich leger. Ein schöner Jumpsuit." „Würde Dir auch stehen Catharine", fährt Sebastian dazwischen. „Ah Catharine heißen Sie. Ich bin Christine. Nennen wir uns beim Namen?" „Ok, also Christine gibt es so ein Teil auch für mich?" „Natürlich, aber kommt erst einmal herein." Sebastian und Catharine betreten das Geschäft. Es ist dunkel. Nur ein paar Glühbirnen spenden ein wenig Licht. Der ganze Laden sieht ziemlich unordentlich aus, findet Catharine. Doch sie sagt nichts. „Was riecht hier so gut?", bemerkt Catharine leise zu Sebastian. Doch Christine hat es gehört und erwidert: "Ich kreiere auch Parfüms." Dabei deutet sie auf einen Tisch am Fenster. „Wirklich?" Zögernd geht Catharine auf den Tisch zu und nimmt eine Flasche in die Hand.

Als sie daran riecht, bemerkt sie, dass es nach Jasmin duftet. „Jasmin ist mein Lieblingsduft. Gott riecht das gut." Sie schließt die Augen und atmet den Geruch tief ein. Dann öffnet sie die Augen wieder. „Also ich bin ziemlich schmutzig, dank Louis unserem Hund und brauche etwas zum Anziehen", wendet sie sich an Christine. Die unterhält sich gerade angeregt mit Sebastian. „Sebastian nimm Dir bitte einen Kaffee. Ich muss Deine Freundin einkleiden." Mit diesen Worten wendet sie sich von Sebastian ab und kommt auf Catharine zu. „Etwas Leichtes oder?" Catharine nickt. „Wenn es geht, in Hellblau oder ein leichter Orangeton." Christine überlegt. „Ich glaube, ich habe da etwas für Dich." Sie geht nach hinten, um kurze Zeit später mit einem, in einem leicht orangefarbenen Ton gehaltenen, Jumpsuit wiederzukommen. Catharine begutachtet ihn von allen Seiten. Er ist einfach geschnitten. Nur der obere Teil sieht wie gewickelt aus und um die Taille wird er gebunden. Der Stoff ist leicht und fühlt sich kühl an. Genau das Richtige bei der Hitze. „Ich probiere ihn." Catharine verschwindet in der Umkleidekabine. Fünf Minuten später steht sie vor Sebastian und fragt ihn: „Und? Wie gefalle ich Dir?" Dabei dreht sie sich einmal, mit ausgebreiteten Armen, um ihre eigene Achse. Der stößt einen kleinen Pfiff aus. „Umwerfend sehen Sie aus Madame. Aber im Ernst Catharine, kauf ihn. Das steht Dir ausgezeichnet. Wie für Dich gemacht." Misstrauisch sieht Catharine ihn an. „Schmeichelst Du mir nur oder meinst Du das ernst?" Sebastian hebt die Hände. Bevor er antworten kann fährt Christine dazwischen. „Es steht Dir ausgezeichnet ma chérie. Wie fühlst Du Dich darin?" „Hervorragend." „Na dann musst Du es tragen. Höre nicht auf die Meinung eines Mannes. Die haben keinen Geschmack. Trage was Dir Spaß macht, denn nur dann strahlst Du und wirkst auf Männer anziehend. Ich weiß wovon ich rede." Bei diesen Worten zwinkert sie Catharine zu. Die beißt sich lieber auf die Zunge, als zu antworten. „Also", meldet sich nun noch einmal Sebastian mit gespielter Entrüstung zu Wort, „sie soll auf mich anziehend wirken und nicht auf andere Männer." „Eifersüchtig ma chérie", gibt Catharine kokett zurück. Dann wendet sie sich an Christine. „Ich kaufe es." Als sie zur Umkleidekabine zurückgeht, fällt ihr Blick auf ein taubenblaues Cocktailkleid. Sie nimmt es vom Ständer und betrachtet es. Kurz entschlossen nimmt sie es mit in die Umkleidekabine. Sie zieht es an und dreht sich vor dem Spiegel hin und her. Das Kleid ist von der Taille abwärts weit ausgestellt und in Falten gelegt. Der obere Teil bringt ihr Dekolleté zum Strahlen. Es ist schulterfrei. Ab der Brust beginnend legt sich ein großer Kragen über ihre Oberarme bis zum Rücken. Ihr gefällt, was sie sieht. Der Stoff fühlt sich weich an und schimmert ein wenig silbern. Da wird plötzlich der Vorhang aufgerissen. „Catharine wo….." Sebastian bleibt der Satz im Hals stecken. „Wow, ist das ein schönes Kleid. Das wird gekauft." Catharine schüttelt den Kopf. Dann flüstert sie in Sebastians Ohr: „Ein Traum, aber für mich ein zu teurer." Nun schüttelt Sebastian den Kopf. „Das denke ich nicht." Er zieht Catharine hinter sich her. Die wehrt sich. „Lass das, Sebastian. Ich will das nicht." Aber der lässt sie nicht los. Er hält Catharine fest am Handgelenk. „Du tust mir weh", schreit diese ihn an. Doch Sebastian hört sie nicht. „Christine wieviel Rabatt bekomme ich als Dein Lieblingsbruder?" Christine sieht ihn erstaunt an. Sie zieht die Augenbrauen auch. „Du bist mein Einziger." „Christine?" Sebastians Stimme klingt verärgert. „Na gut, weil Du es bist, zwanzig Prozent." Catharine steht mit offenem Mund neben Sebastian, der sie immer noch am Handgelenk festhält. „Vierzig", hört sie da Sebastian sagen. „Halsabschneider", gibt Christine zurück. Dann überlegt sie. „Dreißig." „Christine fünfunddreißig und das ist mein letztes Wort." Christine wirkt zerknirscht. „Sebastian nicht", flüstert Catharine Sebastian zu. Doch der hört ihr nicht zu. „Gut Sebastian, fünfunddreißig Prozent. Und nur weil Du es bist." Sebastian nickt. „Ich kaufe es." „Sebastian ich kann mir das nicht leisten", hebt Catharine verzweifelt an. Sebastian schaut belustigt zu ihr. „Catharine ich kaufe es. Mit Betonung auf ich." „Warum?" „Weil ich das so will." „Ich habe keine Gelegenheit ein solches Kleid zu tragen. Du musst das nicht kaufen." „Du wirst eine Gelegenheit bekommen. Glaube mir." „Es macht wohl keinen Sinn mit Dir zu diskutieren?" „Nein. Zieh es aus. Ich zahle inzwischen." „Aber den Jumpsuit zahle ich", gibt Catharine zurück. Sebastian nickt. Als Catharine zahlen will, fällt ihr das Parfüm wieder ein. „Christine legst Du mir das Parfüm mit dem Jasminduft noch dazu?" „Ist inzwischen verkauft", gibt diese zurück. Catharine schaut sich verwundert suchend um. „Ist doch keiner außer uns da?" „Stimmt", erwidert Christine. Dann deutet sie auf Sebastian. „Er war der Käufer." „Was willst Du mit einem Damenduft?" „Erwischt Catharine", gibt Sebastian schuldbewusst zu Protokoll, „der sollte ein Geschenk für Dich sein. Aber da meine Schwester mich verraten hat, kannst Du ihn auch gleich bekommen." „Heute ist Weihnachten und Ostern auf einmal", murmelt Catharine vor sich hin, während sie zahlt. „Stimmt", hört sie Sebastian hinter sich sagen, „und das schönste Geschenk bist Du." Christine beugt sich über den Tisch und flüstert Catharine zu: „So kenne ich ihn gar nicht. Der ist ja total verknallt." Ungläubig schaut sich Catharine um. Sebastian sieht tatsächlich sehr glücklich aus. Er hat ein Dauergrinsen im Gesicht. Die beiden verabschieden sich von Christine. „Zu Dir komme ich sicher öfter Christine. Du hast eine tolle Boutique." „Danke meine Liebe. Ich glaube, wir werden uns bestens verstehen." Die beiden Frauen umarmen sich. Dann verlassen

Sebastian und Catharine den Laden. Beide haben ein Lächeln im Gesicht.

Bei Sebastian angekommen zieht sich Catharine im Gästezimmer um. Als sie wieder in der Küche eintrifft, sitzt Sebastian schon am Tisch. Gerade beendet er ein Telefongespräch. Er deutet auf Louis. „Ich glaube nicht, dass er Lust hat mitzukommen. Dein Kleid habe ich in Sicherheit gebracht." Louis sieht tatsächlich sehr schläfrig aus. Er hat nicht einmal den Kopf gehoben, als Catharine den Raum betreten hat. „Meinst Du das er krank ist, Sebastian?" „Nein nur müde. Er hat jeden Nachmittag geschlafen, wenn wir heimkamen." „Gut dann bleibt er hier. Wasser hat er ja und mehr wie eine Pfütze kann ja nicht passieren." Sebastian nickt. „Gehen wir." Als sie im Restaurant ankommen, sind alle Tische im Garten besetzt. „Ich glaube wir müssen uns etwas anderes suchen Sebastian." Der schaut sich suchend um. „Warte hier. Bin gleich wieder da." Schon ist er verschwunden. Catharine steht unschlüssig und etwas verlegen am Eingang des Gartens herum. Schon ist Sebastian wieder da. Er hält ihr den Arm hin. „Bitte sehr Madame. Ich lade sie auf einen Aperitif ein. In zehn Minuten ist ihr Tisch fertig." Catharine hakt sich bei Sebastian lächelnd ein. Leise flüstert sie ihm zu. „Welche Farbe hatte das Bestechungsgeld?" „Das willst Du nicht wissen, ma chérie. Aber eine kleine Aufmerksamkeit kann nie schaden." An der Bar bestellt Sebastian zwei Bellini. „Das ist doch in Ordnung oder?" „Natürlich." Der Barkeeper stellt gerade die Gläser vor ihnen hin, als der Kellner herbeieilt. „Ihr Tisch ist fertig Monsieur. Bitte folgen Sie mir." Mit den Gläsern in der Hand laufen sie ihm hinterher. „Bitte sehr." Der Kellner weist auf einen Tisch direkt am Mühlbach. „Dankeschön." Catharine setzt sich. Sebastian rückt ihr den Stuhl zurecht, bevor auch er sich setzt. „Was möchtest Du essen, Catharine?" „Fisch." Der Kellner bringt die Karte. „Es gibt Seeteufel Sebastian. Den hätte ich gern." Sebastian bestellt für Catharine den Seeteufel und für sich Lammkoteletts mit französischem Kartoffelgemüse. Als der Kellner die Weinkarte bringt, winkt Sebastian ab. „Bitte einen St. Emilion grand cru aus dem Jahr 2012." „Was Du Dir alles merkst. Ich bin beeindruckt Sebastian." Sebastian lächelt sie an. „Du glaubst doch nicht ernsthaft, dass ich unsere erste gemeinsame Nacht am Strand vergessen habe oder?" „Nicht wirklich", gibt Catharine lächelnd zurück. „Dabei habe ich mir alle Mühe gegeben Dich zu verführen und bin kläglich gescheitert." Sebastian macht ein gespielt betrübtes Gesicht und Catharine muss lachen. „Jetzt mal im Ernst Sebastian. Wie soll das weiter gehen mit uns?" Sebastian greift nach Catharines Hand und führt sie an seinen Mund. Zärtlich küsst er jeden einzelnen Finger. Catharine entzieht ihm die Hand nicht. „Ma chérie genau wie bisher.

Allerdings mit einer Ausnahme." "Und die wäre?" "Ich darf Dich jetzt küssen und sinnlich verführen." "Ach ja und ich? Darf ich das auch?" "Natürlich. Dieser Mann ist nicht abgeneigt, chérie sich verführen zu lassen." Da klingelt Catharine's Handy. "Entschuldige Sebastian." Sie zieht das Handy aus der Tasche. "Es ist Helene." "Helene, ist etwas passiert?" "Nein, ich wollte Dir nur Bescheid sagen, dass das Wohnmobil entschwunden ist. Eine Blondine hat ihn gebracht und er ist mit ihr davongefahren." "Prima, danke Dir." Dann legt Catharine auf. "Alles in Ordnung Catharine?" "Ja, Max hat nur sein Wohnmobil abgeholt. Wo waren wir gerade?" Bevor Sebastian antworten kann, kommt der Kellner mit der Vorspeise - Artichaut de Bretagne (Artischocken mit Sauce Hollandaise). "Lecker. Das liebe ich." Catharine ist begeistert. Sie bricht die äußeren Blätter einzeln ab, taucht sie dann in die Sauce Hollandaise und saugt das Blatt dann aus. Dabei schließt sie die Augen. Verzückt schaut ihr Sebastian zu. "In meinem nächsten Leben werde ich eine Artischocke und werde hoffentlich auch so ausgesaugt." Catharine öffnet die Augen. "Vielleicht sauge ich Dich ja auch aus?" "Geht das auch sofort. Ich habe plötzlich gar keinen Hunger mehr", gibt Sebastian zurück. Dabei macht er Anstalten sich zu erheben. "Du bist unmöglich, weißt Du das?" "Ich weiß, aber ich könnte Dir stundenlang zusehen, wie Du Artischocken aussaugst." "Du solltest lieber Deine Artischocke essen, sonst bekommen wir heute kein Essen mehr." Nun ist es an Catharine Sebastian zuzuschauen. „Auch nicht schlecht. Das lässt mich ahnen, was auf mich zukommen wird." Schweigend, sich gegenseitig beobachtend, essen die Zwei ihre Vorspeise. Dann fragt Catharine Sebastian: „Meinst Du das wir es schaffen? Ich meine, aus einer Freundschaft eine Liebe werden zu lassen?" „Natürlich. Wir sind zwei starke Ich und nun wird da raus ein starkes Wir. Das ist doch schon alles." Catharine überlegt. „So einfach soll das sein? Ich weiß nicht. Bislang hatte ich immer Männer, die mich klein gemacht haben, damit sie sich größer fühlen können. Doch ich bin Groß und Klein machen werde ich mich sicher nicht mehr." „Das musst Du auch nicht Catharine. Ich fühle mich neben Dir nicht klein. Ganz im Gegenteil, ich bin froh eine so interessante Frau an meiner Seite zu haben. Mit Dir wird es nie langweilig. Du hast so viele Facetten und ich kenne nicht einmal die Hälfte. Da gibt es noch viel zu entdecken." Sebastian zwinkert ihr zu. „Stimmt. Langweilig war es mit uns nie." Catharine schmunzelt. Da bringt der Kellner die Hauptspeise. Catharine klatscht begeistert in die Hände. „Das sieht ja toll aus." „Siehst Du Catharine das ist etwas was ich an Dir liebe. Du bist manchmal wie ein kleines Kind. Ein kleiner Wirbelsturm und voller Begeisterung für die kleinen unscheinbaren Dinge des Lebens. Und dann wieder bist Du die starke Frau, die alles managt und der alles gelingt. Dass Du keine Französin bist, wundert mich immer wieder." Verlegen schaut Catharine nach unten. „Ich bin nun mal in Deutschland geboren, aber ich habe französisches Blut in meinen Adern. Meine Vorfahren waren Hugenotten und Wallonen. Ein bisschen polnisches und deutsches Blut ist auch in mir. Eine explosive Mischung. Findest Du nicht auch?" Erstaunt sieht sie Sebastian an. „Das erklärt einiges." „Was weißt Du über Hugenotten Sebastian." „Einiges. Dank Remy. Auch ein Nachfahre von Hugenotten. Ich bin Katholik. Wusstest Du das? Und magst Du mich jetzt nicht mehr?" Sebastian setzt ein betrübtes Gesicht auf. „Doch, aber sollte ich herausfinden, dass Deine Vorfahren meine Vorfahren gemeuchelt haben, müssen wir ein ernsthaftes Wort miteinander reden. Meine Familienforschung ist noch nicht abgeschlossen." „Die Hugenotten waren in Bezug auf den Umgang mit den Katholiken auch nicht gerade fein. Zumindest, Catharine, erklärt das vieles. Deine Liebe zu Frankreich, Dein freier Geist und Dein freier Wille, dass Du Deinem Gewissen folgst und auch vor Autoritäten keine Angst hast. Ich beneide Dich." „Je mehr ich mich in die Familienforschung vertieft habe, umso mehr wurde mir bewusst, dass ich das bin und von Kindesbeinen an diese Werte auch gelebt habe. Die Religion der Menschlichkeit scheint mir im Blut zu liegen." Sebastian wirkt nachdenklich. „Kannst du Dich noch an unsere Radtour erinnern, Catharine? Ich meine die, die wir um Arles herum gemacht haben." „Ja, warum?" „Als wir an diesem Zigeunerlager vorbeifuhren, kam ein Staffordshire Bullterrier aus dem Lager heraus und lief hinter uns her. Die Eisenkette hatte er noch am Hals. Du bist hinter mir gefahren. Als Du ihn bemerkt hast, hast Du mich angeschrien, dass ich schneller fahren soll. Du warst dabei ganz ruhig und hast keine Angst gezeigt, obwohl er schon an Deinem Hinterrad klebte. Wir sind geradelt wie der Teufel und irgendwann hat er von uns abgelassen. Du bist einfach weitergefahren, so, als ob nichts passiert wäre." „Ist ja auch nichts passiert", wirft Catharine kauend ein. „Das konntest Du aber nicht wissen. Keine Spur von Aufregung bei Dir, kein Herzflattern, kein Zittern, nichts. Du bist ganz ruhig geblieben. Mein Herz hing zugegebenermaßen in der Hose, so wie der die Zähne gefletscht hat. Jede andere Frau wäre zitternd und vor Angst schlotternd stehengeblieben. Hätte um Hilfe geschrien. Du nicht. Ich habe Deine Kraft immer bewundert." „Das war keine große Sache Sebastian. Wir leben ja beide noch." „Trotzdem. Es war ja nicht das einzige Mal, dass ich Deine Stärke sehen durfte. Unser Skype-Gespräch über die Probleme meiner Firma, ist auch so ein Beispiel. Du hast das Gespräch einfach abgebrochen, weil mit mir nicht zu reden war. Dann hast Du Dich in Dein Auto gesetzt und zehn Stunden später hast Du vor meiner Tür gestanden. Als ich Dich nicht reinlassen wollte, hast Du Dich vor die Tür gesetzt und gewartet. Im strömenden Regen. Als ich Dich endlich einließ, warst Du völlig durchnässt. Dann hast Du mir kräftig den Kopf gewaschen und wir haben gemeinsam zwei Tage nach einer Lösung gesucht. Gefahren bist Du erst wieder, als alles wieder im Lot war." Catharine winkt ab. „Ich bin so. Mich änderst Du nicht mehr." „Das will ich ja auch nicht. Bleib wie Du bist. So bist Du gut für mich. Außerdem habe ich ja auch Deine verletzliche Seite kennenlernen dürfen." Während er das sagt, streicht Sebastian leicht über die Wange von Catharine. „Ja ich gebe es zu. Du weißt eine ganze Menge von mir, aber nicht alles." „Das will ich auch gar nicht Catharine. Jeder Mensch sollte seine kleinen Geheimnisse haben. Oder bist Du anderer Meinung?" „Nein ich gebe Dir recht. Was sind denn Deine kleinen Geheimnisse Sebastian?" Wird nicht verraten ma chérie. Sonst sind es ja keine Geheimnisse mehr." „Schade." Catharine macht einen Schmollmund. „Was hältst Du von einem Nachtisch Catharine?" „Eigentlich bin ich satt." „Er wird Dir aber schmecken." Lauernd sieht Sebastian sie mit einem verschmitzten Lächeln an. „Ok, Sebastian ich lasse mich überraschen." Sebastian ruft den Kellner und flüstert ihm etwas in's Ohr. Der nickt und verschwindet in Richtung Küche. Fragend sieht Catharine Sebastian an. Doch außer einem leichten lächeln, bringt sie nichts aus ihm heraus. ‚Warte ich eben.' Der Kellner erscheint wieder am Tisch und stellt vor Catharine einen Teller ab. Dazu bringt er zwei Espresso. Catharine schaut abwechselnd zu Sebastian und auf den Teller. Auf dem Teller befindet sich ein Schokoladenpudding in Form eines Herzen. In der Mitte ist ebenfalls ein Herz eingelassen. Das ist die Vanillesoße und auf der Soße, ebenfalls in Form eines Herzen, liegen Erdbeeren, die halbiert wurden. „Drei Herzen in einem", flüstert Catharine. Tränen des Glücks steigen in ihr auf. Da hört sie Sebastian sagen: „Ein französisches Herz für Dich. Louis, Du und ich." Sie schaut Sebastian an. „Eine schöne Idee. Darf ich Dich küssen?" „Aber gern Madame", gibt Sebastian zurück und beugt sich mit einem Kussmund über den Tisch. Catharine schüttelt den Kopf, schiebt den Teller mit dem Herz in die Mitte des Tisches, erhebt sich dann leicht, um sich über den Tisch zu beugen und nimmt dann Sebastian's Kopf in beide Hände, um ihn zu küssen. Doch anders wie von Sebastian erwartet, wird es kein Küsschen, sondern ihr erster inniger Kuss. Catharine berührt mit ihren Lippen sanft den Mund von Sebastian, bevor sie mit der Zungenspitze die von Sebastian berührt und sie zärtlich zu umspielen beginnt. Sebastian erwidert den Kuss. Mit kreisenden Bewegungen verwöhnt Catharine Sebastians Zunge. Vorsichtig knabbert und saugt sie an seinen Lippen. Sebastian genießt es sichtlich und steigt in das Spiel mit ein. Catharine krault inzwischen sanft seinen Nacken. Beide halten die Augen geschlossen. Sie fühlen und genießen. Catharine fühlt eine nie zuvor erlebte Nähe. Plötzlich spürt sie ein Prickeln auf ihrer Haut und im Bauch. Sie hat Lust auf mehr. Als sie sich von ihm löst, öffnet Sebastian die Augen. Mit heiserer Stimme sagt er zu ihr: „Bist Du sicher, dass Du noch aufessen willst? Wir können das Herz auch mit heimnehmen." Catharine lächelt ihn an. „Geduld ist eine Tugend." „Dieser Mann ist aber sehr ungeduldig und überhaupt nicht tugendhaft", gibt er augenzwinkernd zurück. Da fällt Catharine's Blick auf den Nebentisch. Das Ehepaar, welches dort Platz genommen hat, schaut sie unverwandt an. Hilfe suchend wendet sich Catharine an Sebastian. Sie deutet auf den Nebentisch. „Welche Regel habe ich gebrochen?" „Keine", gibt er unverblümt zurück, „die sind nur neidisch." „Ach so, na dann." Sebastian wendet sich grinsend an das Ehepaar. „Sollen wir das noch einmal machen? Sie schauen so schön blöd." „Also", schnappt da die Frau nach Luft, „das ist ja unerhört." Doch sie wendet sich ab. Catharine nimmt den Löffel, platziert eine Erdbeere darauf und schiebt ihn in Sebastians Mund. Der geht darauf ein, greift zu seinem Espressolöffel und Catharine erhält eine Erdbeere zurück. So verspeisen sie das französische Herz in trauter Zweisamkeit. Schließlich sind sie fertig und Sebastian ruft nach dem Kellner. Während sie auf die Rechnung warten, fragt Catharine Sebastian: „Vorhin in der Boutique hast Du gesagt, ich werde eine

Gelegenheit bekommen, das Kleid zu tragen. Von welcher Gelegenheit hast Du gesprochen?" „Du willst es wirklich wissen?" Catharine nickt. „Es ist aber Dein Geburtstagsgeschenk. Bist Du nicht etwas abergläubisch diesbezüglich?" „Ich mache eine Ausnahme." „Und wie war das mit der Geduld ma chérie? Nicht sehr tugendhaft oder?" „Sebastian." Catharine's Stimme kling ungeduldig und leicht gequält. Der hebt die Hände. „Also gut. Dein größter Traum ist welcher?" „Kannst Du bitte mit dem Ratespiel aufhören?" „Spielverderberin. Aber gut. An Deinem Geburtstag werden wir nach Paris reisen. Wir werden uns an der Mur des je t`aime (die Wand der „Ich-Liebe-Dichs") verewigen und in dem kleinen Hotel in Montmartre übernachten, welches Du so liebst. Die Krönung aber wird die Erfüllung Deines langgehegten Traumes sein. Du wirst an Deinem Geburtstag um Mitternacht mit dem Mann den Du liebst unter dem Eiffelturm stehen und ihn hoffentlich so küssen wie gerade eben. Das Kleid brauchst Du für das „Ciel de Paris". Ich lege Dir Paris zu Füßen und bin mit Dir im siebten Himmel. Gibt es etwas Schöneres?" Überrascht sieht Catharine ihn an. „Wann hast Du das denn organisiert?" „Vorhin, während Du Dich umgezogen hast. Ach ja und Louis bleibt bei meinen Eltern. Die freuen sich übrigens, dass Du endlich ‚Ja' zu uns gesagt hast." Catharine ist sprachlos und glücklich zu gleich. Wieder steigen Tränen in ihr auf. „Ich muss Dich sofort küssen."

Bevor Sebastian antworten kann, bringt der Kellner die Rechnung. Sebastian zahlt und die beiden erheben sich. Im Auto nimmt Sebastian die Hand von Catharine und küsst zärtlich die Handinnenfläche. Dann schaut er ihr in die Augen, bevor er zu ihr sagt: „Weißt Du Catharine, ich denke wir wissen beide, dass eine große Liebe eine große Herausforderung ist, die mit Risiken verbunden ist. Doch ich bin mir sicher, dass es unsere Liebe wert ist, sie einzugehen." Catharine umarmt ihn. „Sebastian, ich freue mich auf ein lebenslang mit Dir."

In dieser Nacht bleibt das Gästezimmer in Sebastian's Haus das erste Mal leer.

-ENDE-

Printed in Poland
by Amazon Fulfillment
Poland Sp. z o.o., Wrocław